미학

AESTHETICS: A Very Short Introduction, First Edition

First edition was originally published in English in 2019.
Korean translation rights arranged with Oxford University Press
through EYA.

첫단추 시리즈
048

미학

벤체 나너이 지음
박준영 옮김

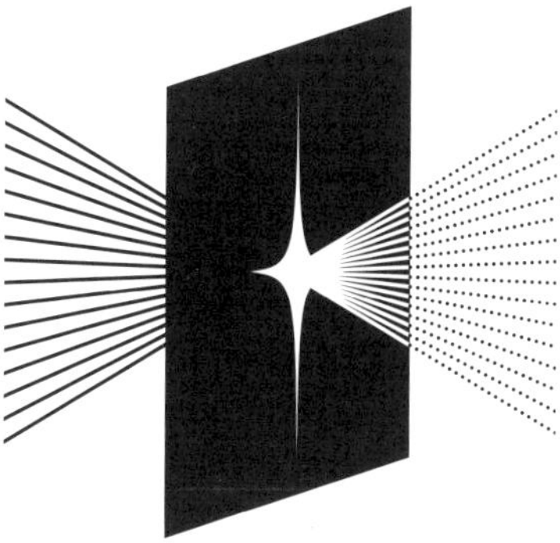

교유서가

차례

제 I 장

박물관에서 길을 잃다

박물관에 간다. 삼십 분간 줄을 선다. 이십 불을 낸다. 드디어 안으로 들어가 전시된 예술품을 본다. 하지만 얻는 것은 없다. 당신은 참 열심이다. 작품 옆에 붙은 레이블을 읽고, 오디오가이드도 듣는다. 그래도 여전히 얻는 것은 없다. 도대체 무엇을 하는 것일까?

이 특정 작가에게 딱히 관심이 없는 걸 수도 있다. 아니면 그림이든 뭐든 예술 자체에 별로 흥미가 없거나. 하지만 당신은 예술 관람을 즐겼던 적도 있다. 바로 이 작가의 그림을 보면서. 그것도 같은 그림을 말이다. 그런데 오늘은 왠지 아무런 감흥도 없다.

익숙하지 않은가? 누구나 이런 갈등을 겪는다. 꼭 박물관이 아니더라도 연주회에서 또는 자기 전에 소설책을 펼쳤을 때. 예술에의 참여는 무척 가치 있는 일이 되기도 하지만 헛수고로 끝나버리기도 아주 쉽다. 성패 여부는 한 끗 차이다.

나는 미학의 중심 문제를 소개하기 위해 이런 예를 들었다. 우리가 앞의 상황에서 하려고 하는 그것이 바로 이 책에서 다룰 '경험'이기 때문이다. 그리고 (아무리 애써도) 그런 경험을 하기 어렵다는 사실이, 그 경험이 무엇이고 우리에게 얼마나 중요한가를 잘 설명해준다.

예술 관람을 예로 들기는 했지만, 산 정상에서 경치를 감상하거나 고급 음식을 음미하려는 노력도 허사가 되기 쉽기는 마찬가지다. 미적(예술이나 자연, 음식에의) 참여에 이르는 길은 녹록지 않을 것이다.

비(非)엘리트주의 미학

미학은 우리가 많은 관심을 기울이는 특별한 경험을 다룬다. 그리스어 '에스테시스(aesthesis)'는 '지각'을 의미하며, 독일 철학자 알렉산더 바움가르텐(1714~1762)이 1750년에 '미학(aesthetics)'이라는 개념을 도입했을 때 그가 뜻한 바는 곧 감각 경험 연구(감성적 인식을 다루는 학문)였다.

미학에서 논하는 경험은 다양한 스펙트럼을 띤다. 그리고 우리는 그런 경험을 하는 데 각별한 관심을 기울인다. 박물관 예술품이나 오페라 공연에 대한 경험뿐 아니라 퇴근길 공원에서 본 단풍이나 식탁에 드리운 석양빛에 대한 경험, 나아가 오늘 입고 나갈 셔츠를 고르거나 수프에 후추를 더 칠지 말지 고민할 때의 경험까지. 미학은 어디에나 있으며 우리 삶을 이루는 대단히 중요한 부분이다.

미학을 지나치게 엘리트주의적인 것으로 생각하는 사람들도 있다. 미술가와 음악가, 하물며 철학자들까지. 이것은 미학의 대상을 잘못 이해했기 때문이며 그런 오해를 바로잡는 것이 이 책의 목적이다. 이른바 '고급 예술'이 시트콤이나 타투, 펑크 록보다 중요한 미학의 대상이 될 자격을 갖춘 것은 아니다. 미학의 영역은, 그것이 고급이든 저급이든 간에 예술의 영역보다 훨씬 넓으며 우리가 살면서 관심을 기울이는 많은 것을 아우른다.

폴란드 전위 소설가 비톨트 곰브로비치(1904~1969)는 이런 직관을 아주 명쾌하게 포착했다.

> 일류 레스토랑에서 먹는 음식이라고 해서 맛도 일품이라는 법은 없다. 내게 예술은 불완전하고, 우연하고, 파편적인 모습으로 나타나 어떻게든 그 현존을 넌지시 알리며 자신을 미숙하게 해석하고, 느끼도록 둘 때 주로 더 강렬하게 다가온다. 나는 성

대한 연주회에서 듣는 쇼팽보다 창밖 거리에서 들려오는 쇼팽을 더 사랑한다.

미학은 어느 예술품이 훌륭한지 말해주지 않는다. 어느 경험이 가치 있는지, 가령 거리에서 쇼팽을 듣는 경험이 가치 있는지 아니면 연주회에서 쇼팽을 듣는 경험이 가치 있는지 말해주는 것도 아니다. 어떤 경험이 당신에게 가치 있다면 바로 그런 이유에서 그 경험은 미학의 대상이 될 수 있다. 미적 쾌감을 얻는 것은 당신에게 달렸다. 미학은 어느 경험이 용인되는지를 가르쳐주는 휴대용 도감이 아니다. 미적 쾌감을 찾도록 안내해주는 지도도 아니다. 미학은 가치 있는 경험을 한다는 것이 무엇을 의미하는지를 분석하는 방편이다. 미학은 판단하기 위한 것이 결코 아니며 그래서도 안 된다.

다음 예화를 보자. 프랑스 화가 페르낭 레제(1881~1955)는 한 양장점 재단사가 진열장에 조끼 열일곱 벌을 늘어놓고 소맷동 단추와 넥타이를 장식하는 모습을 친구와 함께 바라본다. 조끼 한 벌을 배치하는 데는 십일 분이 걸렸다. 재단사는 조끼를 겨우 손톱만큼 왼쪽으로 옮기고는 밖으로 나가 진열창 앞에 섰다. 그러고는 다시 안으로 들어가더니 이번에는 조끼를 오른쪽으로 살짝 옮긴 다음 밖으로 나와 진열창을 들여다보았다. 얼마나 몰입했던지, 그는 레제 일행이 자신을 지켜

보는 줄도 몰랐다. 레제는 이 노령의 재단사만큼이나 자기 일에 미적 관심을 쏟는 화가들이 과연 몇이나 될까를 생각해보니 조금 부끄러워졌다. 그만큼 열성적인 미술 애호가들도 확실히 드물다. 레제의 요점이기도 한 이 책의 기조는 저 재단사의 경험이 레제의 그림을 보고 감탄하는 그 어떤 미술 애호가들의 경험 못지않게 미적이라고 불릴 만한 자격이 있다는 것이다.

이렇듯 미학을 포용적 시각으로 바라보면 미적 참여의 사회적 측면과, 미적 가치가 우리 자신에게 갖는 중요성에 대한 오랜 문제를 이해하는 새로운 길이 열린다. 또 '서양'의 우위를 상정하지 않는 그야말로 범세계적인 태도로 예술과 미학을 대할 수 있다.

미학? 예술 철학?

미학은 예술 철학과 다르다. 예술 철학은 예술을 다루지만 미학은 예술을 비롯해 많은 것을 다룬다. 경이로운 자연 풍광이나, 당신의 사무실 건너편 벽에 드리운 그림자 형태에 대한 경험도 미학의 대상이 될 수 있다.

이 책의 주제는 미학이다. 따라서 예술 철학서보다 논의 범위가 넓기도 하고 좁기도 하다. 예술 철학은 예술과 관련된 다양한 철학적(형이상학적, 언어학적, 정치학적, 윤리학적) 문제를 폭넓게 논한다. 나는 이런 문제들은 다루지 않을 것이다. 가령 예술품이 이 세상의 다른 모든 대상과 어떻게 다른지를 따지는 예술의 정의는 논하지 않는다.

미국의 추상화가 바넷 뉴먼(1905~1970)은 조류학이 새에게 그렇듯, 미학은 예술가에게 무용하다는 유명한 말을 남겼다. 이 되바라진 도발에서 조류학에 대응하는 것은 예술 철학이지 미학이 아니라는 점을 확실히 해두자. 예술품을 분류하고 그 다양한 하위 개념과 장르의 차이를 밝히는 것은 예술 철학의 소관이지 미학과는 상관없다. 뉴먼이 정말로 야유하는 것은 미학이 아니라 예술 철학이다. 미학은 예술가들이 작품 제작의 계기로 삼아 불러일으키려고 하는 바로 그 경험을 연구하는 것이며, 따라서 예술가들 개개인과 매우 밀접한 관련을 맺는다.

물론 예술품은 온갖 경험을 촉발할 수 있다. 하지만 미학이 그 모든 경험까지 논하는 것은 아니다. 예술품 도둑도 자기가 훔치는 예술품에 대해 어떤 경험을 할 것이 분명하지만 그런 경험은 이 책에서 다루는 경험과는 거리가 멀다. 당신이 메트로폴리탄미술관 전체를 둘러보고 작가의 서명이 들어간 그림이 몇 점이나 되는지를 알아내면 내가 거액을 주기로 약속했다고 치자. 나는 당신이 이 일을 충분히 해낼 수 있다고 생각한다. 하지만 백 번 양보해도 그로 인해 당신이 미적인 심리 상태를 경험하게 되는 것은 결코 아니다.

우리는 예술품에 미적으로도 참여하지만 다른 여러 방식으로도 참여한다. 더욱이 우리가 미적으로 참여하는 대상은 예술품 말고도 다양하다. (이 책에 나오는 '미적 경험'과 '미적 참여'는 서로 교환 가능한 용어로 보아도 무방하다. 다만 미적 참여는 우리가 행하는 것이고, 미적 경험은 우리가 그 일을 행하는 동안 느끼는 것이라는 차이가 있다.) 이처럼 예술과 미학의 관계는 우연하다. 그렇다고 이 둘의 연관성을 완전히 무시해도 좋다는 말은 아니다. 미적으로 가치 있는 순간들은 대개 우리가 예술에 참여할 때 찾아오기 때문이다.

예술은 미학의 중요한 대상이기는 하지만 유일한 대상이 결코 아니다. '서양' 미학의 영향력 있는 한 견해에 따르면, 예술(엄밀히 말해서 고급 예술)에의 미적 참여는 다른 어떤 대상에의 미적 참여와도 사뭇 다르다. 이런 사고방식은 우리가 일상에서 경험하는 미적 순간의 중요성과 필요성을 제약한다는 점에서 미학의 가치를 떨어뜨릴 뿐 아니라 대다수 비'서양' 미학 전통과도 배치한다. 이 책은 미학을 소개하는 아주 짧은 안내서로, 물론 그 역사적 위상은 무시할 수 없지만 '서양' 미학이라는 매우 특정한 미학 전통만 다루지 않는다.

비(非)'서양' 미학

인공품은 세계 도처에서 제작된다. 음악도 그렇고, 이야기도 그렇다. 하지만 세계 유수의 박물관 어디를 가더라도 당신을 기다리는 것은 '서양(유럽, 혹은 그곳이 현대 미술관이라면 북미)'에서 만든 대상이 대다수일 것이다 ― 이 책에서 '서양(의)'을 작은따옴표로 묶어 표기하는 것은 이 낱말이 일원적 개념이 아님을 분명히 환기하기 위해서다. 따라서 지금 찾는 것이 그 외 지역에서 만든 대상이라면 당신은 멀찌감치 떨어진 부속 건물로 자리를 옮기거나 아예 다른 박물관으로 발걸음을 돌려야 할 것이다. 하지만 예술은 '서양의' 전유물이 아니며 미학도 마찬가지다.

세계 어느 곳에서나 사람들은 늘 예술에 대한 경험을 사색하고 논했다. 유럽 미학의 입장만 고수하는 것은 유럽에서 만든 예술품만 박물관에 전시하는 것만큼 편향된 태도일 것이다. 이슬람과 일본, 중국, 인도네시아, 아프리카, 수메르·아시리아, 콜럼버스가 발견하기 전의 아메리카 대륙, 산스크리트, 발리의 미학도 모두 예술과 그 밖의 대상들에 대한 우리 경험과 관련된 무척 귀중한 소견들로 가득한 놀랍도록 정교한 사유 체계다. 미학을 다루는 어떤 책도 이 점을 간과해서는 안 된다.

사실 여러모로 유별난 것은 판단과 고급 예술, 사회적 맥락을 배제한 미적 참여를 강조하는(아니, 집착한다고 해야 할까?) '서양' 미학이다. 나는 이 책에서 모든 미학 전통을 다루는 척하지 않을 것이다. 그렇다고 '서양의' 사상에만 초점을 맞추지도 않을 것이다—이른바 죽은 백인 남성들의 사상은 그들이 얼마나 명성을 떨쳤는지와는 관계없이 전 세계의 공감을 끌어내는 데 번번이 실패했다.

제 2 장

섹스와 마약,
로큰롤

미적으로 여겨질 수 있는 경험은 어찌 보면 각양각색이다. 좋아하는 음악을 듣거나 좋아하는 영화를 보는 경험뿐 아니라 유튜브에서 '극장골' 장면 모음을 보거나 신고 나갈 구두를 고르는 경험, 커피 메이커를 조리대 어디에 둘지를 결정하는 경험도 미적으로 여겨질 수 있다. 이 모든 경험의 공통점을 찾기란 여간 어려운 일이 아니다.

물론 그 범위가 너무 포괄적이어서도 안 된다. 철학자들은 예술에 대한 경험을 마약을 통한 경험이나 성적 흥분의 경험과 (또 '로큰롤rock 'n' roll'이라는 말이 뜻하는 바대로 광란의 파티를 벌이는 것과 같은 쾌락 경험 일반과도) 곧잘 구분한다. 이런 전통적 미학관에 따르면 우리는 미적인 것과 비미적인 것 사이에 어떻게든 선을 그어 섹스와 마약은 배제하고 헤어스타일과 음악은 용인해야 한다. 그런데 이것이 가능할까?

나는 섹스와 마약, 로큰롤의 문제를 미학에 접근하는 주요 방법들을 소개하기 위한 배경으로 사용한다. 사실 나는 미적 경험을 섹스와 마약, 로큰롤의 경험과 구분할 수 있다고 생각하지 않는다. 무엇이든 미적으로 경험될 수 있다. 가령 마약을 통한 경험도 충분히 미적으로 여겨질 수 있다. 그럼에도 미학에 접근하는 기존 방법들을 우리가 살펴보는 것은 미적인 것과 비미적인 것을 구분하는 일이 얼마나 어려운지를 깨달을 수 있기 때문이다.

이제 미학을 둘러싼 네 가지 유력한 견해를 살펴볼 텐데 각 견해는 아름다움과 즐거움, 감정, '그 자체에의 가치 부여'에 초점을 맞춘다. 나는 이 견해들을 일축하거나 그것들이 더는 유효하지 않음을 입증하려는 것이 아니다. 조롱할 의도도 없다. 여기서 이 견해들을 소개하는 것은 우리가 미학의 영역을 어떻게 생각해야 하고, 어떻게 생각해서는 안 되는지를 일러주는 정말로 중요한 단서를 각 견해에서 발견할 수 있기 때문이다.

아름다움?

미학에 대한 가장 뿌리 깊은 통념은 그것이 아름다움을 다룬다는 생각이다. 거리로 나가 주변을 한번 둘러보라. '에스테틱스(aesthetics)'는 미용실 간판을 장식하는 상투어가 된 지 오래다. 미학이 철학의 한 분과로서 무엇을 다루는지를 설명하려고 할 때도 그것을 미용과 관련된 것으로 생각하고 접근하기 쉽다. 요컨대 어떤 것은 아름답고, 또 어떤 것은 아름답지 않다. 그렇다면 미학은 우리가 그것들을 구분하게 도와주고, 나아가 아름다운 것이 왜 아름다운지도 설명해줄 것이다.

나는 이것을 '미용실 접근법'이라고 부르는데 성형 시술이나 손톱 손질과 같은 미용 산업에서는 무엇이 아름답고, 무엇이 아름답지 않은지의 개념이 상당히 명확하기 때문이다. 실제로 미용 산업의 주목적은 썩 아름답지 않은 것을 더 아름답게 바꾸는 것이다. 그리고 미학이 아름다움을 다룬다고 생각하는 사람들은 보통 아름다운 것과 아름답지 않은 것을 가르는 세상의 경계선에 대해 서로 엇비슷한 가정을 한다.

미용실 접근법은 섹스와 마약, 로큰롤의 문제를 손쉽게 해결한다. 미적 경험은 아름다운 것에 대한 경험이다. 하지만 마약을 통한 경험이나 성적 경험, 로큰롤의 경험은 아름다운 것에 대한 경험이 아니다. 따라서 그런 경험들은 미적으로 여겨질 수 없다.

이런 주장은 훈계와 독단(로큰롤은 악마의 음악이고 마리화나는 악마의 작물이며 섹스는, 음…… 섹스니까 하는 식의 설교)의 인상을 풍기기에 비웃음을 사기 딱 좋다. 하지만 미용실 접근법의 진짜 문제는 고상한 척 엘리트주의적인 태도로 아름다운 것과 아름답지 않은 것 사이에 경계선을 긋는다는 데 있지 않다. 문제는 그런 경계선을 긋는다는 사실 자체다.

아름답다는 것은, 가령 붉다는 것과 아주 다르다. 우리는 이 세상의 모든 것을 두 덩어리로, 즉 붉은 것과 붉지 않은 것으로 나눌 수 있다. 말도 안 되는 소리 같겠지만 가능은 하다. 하지만 이 세상의 모든 것을 아름다운 덩어리와 아름답지 않은 덩어리로는 가를 수 없다. 적어도 아름다움이 미학과 어떤 관계가 있기를 바란다면 그럴 수 없다. 오스카 와일드(1854~1900)가 말했듯 "일정한 명암 조건, 혹은 다른 것들과의 일정한 인접 조건에서도 추해 보일 정도로 추한 대상은 없으며, 그런 환경에서도 아름다워 보일 정도로 아름다운 대상 역시 없다".

아름다움은 시대와 맥락, 관찰자가 바뀌어도 늘 한결같은 대상의 특성이 아니라는 말이다. 미(美) 개념이 미학에서 조금이라도 유효하려면 아름다움의 덧없는 본성, 그리고 오스카 와일드가 옳게 지적했듯 우리는 같은 대상을 보더라도 그 대상을 아름답게 볼 때도 추하게 볼 때도 있다는 사실을 포착할 수 있어야 한다. 이것은 아름다움이 바라보는 사람의 눈에 있는지 어떤지에 대한 논쟁과는 무관하다(이 논쟁은 5장에서 다시 다루겠다). 설령 아름다움이 바라보는 사람의 눈에 있지 않더라도, 달리 말해 '객관적인' 것이더라도 아름다움은 우리가 그것을 어떤 맥락에서 접하는지에 대단히 민감하다. 미용실 접근법은 이런 맥락 의존성(context-sensitivity)을 설명해주지 못한다.

미용실 접근법이 '서양' 미학사를 풍미했던 것은 사실이지만 그것이 아름다움의 문제에 접근하는 유일한 방법은 아니다. 대안이 될 만한 접근법이 하나 있다. 그 골자는 다음과 같은 경구로 요약되는데 이 말의 출처를 공자(기원전 551~479)로 (고집스레) 못 박는 것은 잘못이다. "아름다움은 만물에 있되 만인에게 보이지는 않는다." 그렇다면 우리는 이 세상의 모든 것을 두 덩어리로, 즉 아름다운 것과 아름답지 않은 것으로 나누지 못한다. 주어진 것은 한 가지뿐이다.

다양한 갈래의 전위 예술 운동이 이와 유사한 입장을 옹호했다. 그리고 앞서 언급한 레제도 '아름다움에는 위계가 있다'는 생각을 전면 거부한다. 그의 말을 들어보자.

> 아름다움은 어디에나 있다. 당신은 18세기풍 거실이나 국공립 박물관에서보다 주방 민무늬 벽에 가지런히 걸어둔 냄비들에

서 더한 아름다움을 발견할지도 모른다.

이것은 무엇이든 아름다워 보일 수 있으며 미학은 바로 그런 아름다운 경험을 다룬다는 생각이다. 다만 어떤 경험이 미적이게 되는 것은 우리가 경험하는 대상이 아름다워서가 아니라 우리가 그 대상을 (무엇이든 아름답게 경험하는) 일정한 방식으로 경험하기 때문이다. 무엇을 경험하느냐가 아니라 어떻게 경험하느냐가 중요하다는 말이다.

이 접근법은 내가 첫 장에서 밝힌 비엘리트주의적이고 비판단적인 입장을 취하지만 여기에는 교묘한 함정이 숨어 있다. 아름다움과 미학을 이런 식으로 관련짓는 것은 아름다움을 사실상 불필요한 개념으로 만들어버린다. 꼭 아름다움에 대해서가 아니더라도 그런 식의 이야기는 얼마든지 할 수 있다. 아름다움은 우리 경험의 성격을 임의로 지칭하는 플레이스홀더〔placeholder: 누락된 것을 임시로 대신하는 기호나 텍스트 일부. 가주어 'it'처럼 형식상 필요하기는 하나 실질적 뜻은 없는 문장 요소를 가리키기도 한다—옮긴이〕에 지나지 않으며 그리 유용하지도 않다. 무엇이든 아름답게 보는 경험을 다루는 것이 미학이라고 할 때 우리는 이 말이 무슨 뜻인지 알고 싶어질 것이다. 그런 경험을 하려면 어떻게 해야 할까? 나는 박물관에서 어떤 그림을 보고 무언가를 경험하지만 미적이지는 않다.

어떻게 해야 이 경험을 미적으로 변화시킬 수 있을까? 그 그림을 아름답게 경험하라고? 별로 쓸 만한 조언은 못 된다.

어쨌든 미용실 접근법은 미적 경험과 (섹스와 마약, 로큰롤의 경험과 같은 이른바) 비미적 경험을 구분하는 방법을 제시한다. 권할 만하지는 않지만 하나의 방법이기는 하다. 앞서 공자와 레제를 인용하며 소개한 더 민주적인 접근법은 그 자체로는 미적 경험에 대해 알려주는 바가 거의 없다. 우리가 이 접근법을 택하더라도 왜 어떤 경험은 무언가를 아름답게 보는 경험이 되고, 또 어떤 경험은 그렇지 않은지 설명해야 할 것이 여전히 많다. 그리고 우리가 이것을 설명하더라도 '아름다움'에 대한 그 어떤 언급도 유용한 레이블 역할을 하지 못할 것이다.

그럼에도 아름다움에 초점을 맞춘 민주적 버전의 견해는 우리에게 정말로 중요한 것을 가르쳐주었다. 어떤 것은 미적이고, 또 어떤 것은 미적이지 않다는 가르침이 아니다. 모든 것(글쎄, 거의 모든 것)이 미적 참여를 촉발할 수 있지만 어떤 것도, 아무리 탁월한 예술품이라도 늘 미적 참여를 촉발할 수는 없음을 우리는 배웠다. 문제는 이런 종류의 미적 참여와 그 촉발 방식을 어떻게 설명하느냐다. 그런 경험이 어떤 것인지를 떠올릴 때는 '무언가를 아름답게 보는 경험'이라는 레이블이 도움이 된다. 하지만 이것은 그 경험에 대한 해명이 아니다.

우리는 같은 대상을 아름답게 경험할 수도 있고 아름답지 않게 경험할 수도 있다. 전자는 미적 경험이고 후자는 미적 경험이 아니다. 아름다움에 초점을 맞춘 견해는 양자의 차이가 정확히 무엇인지 설명해주어야 한다. 아마도 미적 경험이 펼쳐지는 방식, 혹은 우리의 주목이나 감정이 작동하는 방식과 관련된 설명이 될 텐데 이런 설명은 아름다움과는 거의 무관하다.

즐거움?

미적인 것과 비미적인 것의 차이를 따질 때 자주 등장하는 또하나의 중요한 개념은 즐거움이다. 요컨대 미학은 즐거움을 다룬다. 비미적인 것은 즐겁지 않다. 미적 경험은 (꼭 그렇지는 않지만 대체로) 즐거운 경험이며 이것이 우리가 미적 경험을 하고 싶어하는 이유다. 그렇다면 미적 경험에 수반하는 즐거움이 어떤 것인지를 알면 어떤 경험을 미적으로 만들어주는 것이 무엇인지도 알 수 있을 것이다.

모든 즐거움이 미적이지는 않다. 이마누엘 칸트(1724~1804)는 미적 즐거움의 특징이 무관심적인(disinterested) 데 있음을 소상히 논했다. 그리고 이 '무관심적 즐거움'이 뜻하는 바에 대해서만 무수한 지면을 할애했다. 나는 칸트를 더 파고들기보다는 즐거움의 심리학으로 이야기를 시작하려고 한다.

심리학자는 즐거움을 두 가지로 구분한다. 그중 첫째는 불쾌한 것이 사라졌을 때 느끼는 즐거움이다. 나는 이것을 '안도의 즐거움'이라고 부를 텐데 마음의 동요를 겪은 뒤 신체가 정상으로 돌아올 때 생기는 즐거움이기 때문이다. 가령 몹시 굶주린 끝에 무언가를 먹고 나서 느끼는 즐거움이 바로 안도의 즐거움이며 이때 당신의 신체는 굶주리기 전의 평소 상태로 돌아간다.

안도의 즐거움은 오래가지 않는다. 불쾌한 상황이 끝났을 때의 즐거움은 안도의 순간을 나타낸다. 하지만 한순간일 뿐이다. 그리고 안도의 즐거움은 동기를 부여하지 않는다. 다시 말해 그 즐거움은 우리가 하는 일의 결과가 될 수는 있어도 우리가 그 일을 더 하도록 북돋지는 않는다.

안도의 즐거움을, 내가 '북돋는 즐거움'이라고 부르는 것과 비교해보자. 북돋는 즐거움은 지금 하는 일을 우리가 계속하도록 동기를 부여한다. 우리의 활동을 북돋는 것이다. 해변을 거닐면 무척 즐겁다. 이것은 무언가로부터의 안도가 아니다. 그저 기분이 좋은 것이다. 이런 즐거움은 안도의 즐거움과 달리 오래도록 지속할 수 있다. 그리고 우리가 해변을 계속 거닐도록 동기를 부여한다.

캐나다 철학자 모한 마텐(1948~)은 이런 심리적 차이를 바탕으로 다음과 같은 점을 지적한다. 같은 활동이라도 어떤 상황에서는 안도의 즐거움을 주지만, 또 어떤 상황에서는 북돋는 즐거움을 준다. 먹는 활동이 좋은 예다. 온종일 굶고 난 뒤의 식사는 안도의 즐거움을 줄 수 있다. 하지만 고급 음식을 즐길 때의 식사는 북돋는 즐거움도 줄 수 있다.

미적 즐거움은 북돋는 즐거움인 경우가 많다. 그림을 보면서 느끼는 즐거움은 당신이 그 그림을 계속 보도록 동기를 부여한다. 이것은 해변을 거니는 것과 마찬가지로 제한이 없는 활동이다. 그때의 즐거움은 우리가 그림에 계속 참여하도록 북돋는다. 그래서 때로는 자제하기 힘든 지경에 이르기도 한다.

이것은 섹스와 마약, 로큰롤의 문제가 간단히 해결되지 않는 문제임을 시사한다. 어떤 성적 활동이나 마약을 통한 활동은 북돋는 즐거움을 줄 것이다. 그렇다면 우리는 섹스와 마약을 무차별로 거부하고 그것들을 미적 활동이라는 엘리트 범주에서 몰아낼 수 없다. 미적 즐거움을 북돋는 즐거움으로 보는 설명의 이점은 바로 여기에 있는 듯하다(나는 성적 경험이나 마약을 통한 경험이 왜 미적으로 여겨질 수 없는지 모르겠다). 이 설명은 일부의 성적 경험이나 마약을 통한 경험에 미적 경험의 자격을 주는 것이 무엇인지에 대한 단서, 즉 그것이 북돋는 즐거움임을 알려준다.

북돋는 즐거움이 어떻게 동기를 부여하고 활동을 지속하도록 돕는지에 대해 상당히 많은 심리학 연구가 이루어졌다. 음료를 마시는 활동을 예로 들어보자. 좋아하는 음료를 마음껏 마시는 것은 북돋는 즐거움을 줄 수 있다. 음료를 한 모금 머금고, 입속에서 혀로 굴린 다음, 목구멍으로 삼키고를 반복하는 데서 당신은 즐거움을 느낀다. 여기에는 일정한 리듬이 있으며, 이 활동에서 당신이 느끼는 즐거움은 그 리듬을 유지할 뿐 아니라 미세하게 조율하기도 한다.

우리는 이처럼 음료를 마실 때 일어나는 생리 기제, 즉 다양한 근육 운동이 서로 어떻게 매끄럽고 조화롭게 이어지는지를 잘 안다. 그런데 미적 참여를 하는 경우는 어떨까? 우리의 목 근육 운동에 상응하는 것은 무엇일까? 결론을 말하면, 근육은 미적 참여와 직접적 관련이 거의 없다.

북돋는 즐거움은 우리의 주목을 통제함으로써 미적 참여를 지속하도록 동기를 부여하고 그 과정을 미세하게 조율한다. 근육은 미적 참여와 직접적 관련이 거의 없지만 주목은 매우 관련이 깊다. 그림을 보는 데서 느끼는 즐거움은 당신이 그 그림에 계속 주목하며 참여하도록 부추긴다. 그렇다면 미적 즐거움을 북돋는 즐거움으로 보는 견해는 우리가 미적 참여를 할 때의 주목 방식에 대해서도 더 설명해주어야 한다.

북돋는 즐거움이 북돋는 주목이란 어떤 것인지를 명확히 해야 하는 정말로 중요한 이유 하나를 페미니스트 영화 이론에서 찾을 수 있다. 영국의 영화이론가 로라 멀비(1941~)는

「시각적 쾌락과 서사 영화」라는 기념비적인 에세이에서 이렇게 주장한다. 주류 영화는 거의 항상 '시각적 쾌락'을 촉발하려고 하는데 이것은 으레 남성의 관음증을 만족시키기 위한 것이다. 관객이 자신과 동일시하게 되는 주인공은 주로 남성이며, 우리는 영화에 등장하는 여성들을 이 남자 주인공의 눈을 통해 바라볼 때가 많다. 서사 영화의 시각적 쾌락을 촉발하는 것은 바로 이런 고도의 성적 대상화, 멀비의 표현대로라면 '수컷의 시선'이다.

이런 '시각적 쾌락'은 어느 모로 보나 (우리가 주목을 계속하도록) 북돋는 즐거움이지만 미학에서 말하는 무관심적인 미적 즐거움과는 확연히 다르다. 그렇다면 즐거움에 초점을 맞춘 견해는 미적 즐거움과 비미적 즐거움을 구분할 수 있도록 더 상세한 설명을 반드시 해주어야 한다. 아마도 그 설명의 핵심은 즐거움이 지속시키는 정신 활동과 관련이 있을 테고, 또 이 활동은 우리가 무엇에 (그리고 어떻게) 주목하는지와 많은 관련이 있을 것이다.

감정?

미적 영역을 규정하는 셋째 방법은 감정에 초점을 맞추는 것이다. 요컨대 미적 경험은 곧 감정 경험이다. 그렇다면 미적 경험에서 촉발하는 감정이 어떤 것인지를 알면 미적 경험을 다른 경험과 구분해주는 것이 무엇인지도 알 수 있을 것이다.

아일랜드 소설가 아이리스 머독(1919~1999)은 문학(과 예술 일반)을 "일정한 감정을 불러일으키는 숙련된 기술의 하나"로 여겼다. 한편 20세기의 걸출한 미술사가 조지 쿠블러(1912~1996)에 따르면, 예술을 대하는 한 가지 단순한 방법은 그것을 "감정 경험을 위해 제작된 대상"으로 여기는 것이다. 이것은 예술에 대한 사회학적 평가로서 쿠블러가 그 말을 했던 1959년에는 지금보다 설득력 있게 들렸을 것이다. 여하간 동시대 예술 대다수는 가능한 한 감정과 거리를 두려고 하면서 (개념 미술이나 광학 미술op art의 경우처럼) 순수한 지적 참여나, 때로는 순수한 지각적 참여를 지향한다. 그런데 우리가 머독과 쿠블러의 주장을 예술이 아니라 미적 참여에 대한 것으로 받아들이면 이것은 미적 경험을 곧 감정 경험으로 받아들이는 것과 같다.

문제는 이것이다. 어떤 감정이 수반하는가? 미적 참여를 할 때 촉발하는 감정은 모두 늘 같은 종류인가? 아니면 우리가 무엇에 참여하고 어떻게 참여하는지에 따라 달라지는 감정인가?

극단적 견해에 따르면 미적 참여를 할 때 느끼는 감정은 언제나 다 같다. 우리가 그런 감정을 느낀다면 미적 참여를 하는 것이고, 그렇지 않다면 미적 참여를 하는 것이 아니다. 그런데 이 '미적 감정'이라는 것이 무엇일까? 경탄과 감동에서 형식적 특성의 관조에 이르기까지 그 후보가 적지 않다. 하지만 이런 감정들을 전혀 촉발하지 않는 미적 참여 사례를 제시하는 것도 어려운 일은 아니다.

미적 참여의 한 가지 뚜렷한 특징은 그것이 다양하다는 데 있다. 가령 그랜드캐니언의 경치와 빌리 홀리데이의 노래에 대한 미적 경험은 각기 매우 다른 감정을 수반할 것이다. 이런 모든 경우에 우리가 느끼는 단 하나의 두루뭉술한 감정을 찾겠다는 것은 결국 미학의 다양성을 무시하고 은폐하는 것과 같다.

더욱이 같은 대상이라도 상황이 다르면 매우 다른 감정을 촉발할 수 있다. 언젠가 한 친구에게 예술과 관련된 무척 신기한 이야기를 하나 들었다. 그는 첫 데이트 후에는 꼭 샌프란시스코현대미술관에 가서 마크 로스코의 커다란 그림을 보는데, 새 연인이 될지도 모를 데이트 상대에게 자신이 어떤 감정을 품고 있는지 알기 위해서라고 한다. 앞선 만남은 친구가 누군가에 대해 생각하는 환경뿐 아니라 그 그림에 대한 그의 반응도 변화시켰다. 그는 이런 경우에 저 커다란 추상화가 불러일으키는 감정이 매번 아주 달랐다고 한다. 한 그림에 대한 미적 경험이 이토록 다양할 수 있다면 모든 미적 참여가 어떻게 하나의 특정한 '미적 감정'이라는 우산 아래에만 들어갈 수 있을까?

그럼에도 미적 참여가 감정적 사건일 수 있고 대체로 그렇다는 사실은 부인할 수 없다. 당신은 예술 때문에 눈물을 흘릴 수 있다. 또 자연 때문에 그럴 수도 있다. 미학과 감정의 관계는 이슬람과 산스크리트의 미학에서 일본과 중국의 미학에 이르기까지 모든 미학 전통에서 논하는 주제다.

미적 경험에 대한 어떤 견해도 감정의 문제를 가볍게 다루어서는 안 될 것이다. 그렇다고 감정이 미적 경험의 성패를 결정하는 조건이라는 말은 아니다. 미적 참여만 감정적일까? 절대로 그렇지 않다. 섹스와 마약, 로큰롤도 매우 감정적일 수 있다. 어쩌면 내가 앞서 예시한 몇몇 미적 경험보다 훨씬 그럴지도 모른다. 그리고 어떤 점에서는 우리가 하는 거의 모든 일이 감정적이라고 주장하는 것도 가능하다. 따라서 감정을 강조하는 것은 미적인 것의 고유한 무언가를 찾는 데 크게 도움이 되지는 않을 것이다.

거꾸로 물어서 미적 참여가 꼭 감정적이기만 할까? 포르투갈의 시인이자 작가 페르난두 페소아(1888~1935)는 자신의 미적 경험을 "사고나 감정 없이 표류하면서 내 감각에만 주목"하는 것으로 묘사하는데, 이것은 감정이 뒤서는 친숙한 한 형태의 미적 참여를 가리키는 듯하다. 적어도 어떤 경우의 미적 경험에서는 감각이 감정에 앞선다.

'미적 감정'의 한 예로 거론되는 형식적 특성에 대한 관조도 감정적 사건이 아니라 지각적 사건으로 여겨질 수 있다. 미국의 예술 평론가 수전 손택(1933~2004)은 미적 경험을 "분노와 찬동을 넘어 감정에 휘둘리지 않는 초연하고 평온하고 관조적인" 경험으로 특징짓는다.

미적 경험을 미적으로 만들어주는 것은 감정이 아닐지도 모른다. 하지만 감정에 초점을 맞춘 견해는 감정이 어떻게 미적 경험의 중대 요소가 될 수 있는지를 강조하는 한 여전히 중요하다. 미학에 대한 모든 견해는 감정 경험과 미적 경험이 서로 어떻게 밀접한 관련을 맺을 수 있는지, 또 어째서 대체로 그러한지를 말해주어야 한다.

그 자체를 목적함?

수전 손택은 미적 경험을 초연한 것이라고 말한다. 감정뿐 아니라 분노와 찬동, 나아가 현실적 관심사로부터의 초연함. 이것은 미적인 것과 비미적인 것을 구분해줄 마지막 유력 후보로, 미적 참여가 그 자체를 목적하는 참여임을 뜻한다. 우리는 그 이상의 다른 어떤 목적을 이루려고 미적 참여를 하지 않는다. 단지 미적 쾌감을 위해 미적 참여를 할 뿐이다.

이런 주장은 여러 형태로 제기된다. 그중에는 미적 참여가 그 자체에 가치를 부여하는 참여라고 보는 견해도 있다. 다시 말해 우리는 미적 경험을 할 때 자신이 경험하는 것 (혹은 바로 그 경험) 자체에 가치를 부여한다는 것이다. 이런 식의 추론에 대해서는 긴말하지 않겠다. 나는 우리가 미적 경험을 할 때 경험 자체에 가치를 부여하기는커녕 경험 대상에 가치를 부여한다는 것도 믿기 힘들다. 어쨌든 이것은 당사자의 가치관에 달린 문제일 테니 여기서는 그 벌통을 절대로 건드리지 않을 셈이다. 햇살 속에서 춤추는 먼지 입자들을 바라볼 때 나는 어디에 가치를 부여할까? 먼지 입자들에? 아니면 나의 경험에? 자기 자신의 경험에 가치를 부여한다는 것은 또 무슨 소리일까? 내가 그 경험을 하기 좋아한다는 뜻일까? 아니면 그 경험을 하고 만족한다는 뜻일까? 가치 부여 개념에 기대지 않고도 '그 자체를 목적함(for its own sake)'에 초점을 맞춘 견해를 정식화할 수 있다면 정말로 그러려고 해야 한다.

가치는 언급하지 않아도 된다. 미적 참여를 할 때 하는 활동을 우리가 왜 하는지에만 초점을 맞추어도 된다. 우리는 다른 무언가를 이루려고 그 활동을 하는가, 아니면 오직 그 활동 자체를 위해 그 활동을 하는가? 문학 시험을 통과하기 위해 소설을 읽는다면 나는 다른 어떤 목적(시험 통과)을 이루려고 어떤 활동(소설 읽기)을 하는 것이다. 반면 단지 소설을 읽기 위해 소설을 읽는다면 이 활동은 미적 영역에 더 가깝다. 하지만 미적 경험은 문학 수업 때문에 소설을 읽기 시작했더라도 일어날 수 있다. 그런 경우 나는 순전히 소설을 읽기 위해 소설을 읽는 것이 아닌데도 그 활동에 미적으로 참여한다. 그리고 이것은 나의 참여가 덜 미적일 수밖에 없음을 뜻하지 않는다. 이런 중도의 사례들은 '그 자체를 목적하는 것'이 미학의 성배(聖杯)가 아님을 보여준다.

'그 자체를 목적함'에 초점을 맞춘 견해는 또다른 방식으로도 이해할 수 있다. 어떤 활동은 종점이나 목표에 이를 때만 의미가 있다. 따라서 무언가를 이루기 위해 행해지며, 완료되어야 한다. 적당히 하다가 말아도 되는 활동이 아니다. 네 시간 안에 완주해야 하는 마라톤처럼.

이런 종류의 활동에 주어진 선택 사항은 두 가지다. 목표를 이루거나 이루지 못하거나. 목표를 이루지 못하면 좌절된 욕망은 그보다 훨씬 강한 욕망으로 발전하며, 또 좌절될 가능성이 크다. 한편 목표를 이루면 네 시간은 패자의 목표가 되고 세 시간 사십오 분이 새로운 목표가 된다. 그다음에는 세 시간 삼십 분이 새로운 목표가 되고, 또 그다음에는…… 올라야 할 더 높은 산들은 계속 나타난다.

다행히 모든 활동이 그렇지는 않다. 어떤 활동은 적당히 하다가 말아도 된다. 완료하지 못해도 상관없다. 목표를 이루려고 하는 활동이 아니기 때문이다. 달리기를 위한 달리기처럼.

트로피를 타기 위한 활동과 과정 자체를 위한 활동, 우리에게는 둘 다 필요하다. 무언가를 달성해야 한다는 부담 없이 활동 과정만을 즐겨도 되는 일을 하는 사람은 거의 없다. 목표나 마감 기한, 승급 기준은 늘 있기 마련이다.

그리고 여가 활동에도 대개는 매우 특정한 목표가 정해져 있다. 우리는 지인들에게 식사를 대접하겠다는 최종 목적을 갖고 요리를 하지, 무턱대고 요리를 하지는 않는다. 성취를 위한 활동은 불가피하다. 다만 성취를 위한 활동과 과정 자체를 위한 활동 사이에는 건전한 균형이 필요하다.

미적 참여는 트로피를 타기 위한 활동이 아니다. 잘만 된다면 과정을 위한 활동이다. 당신은 트로피를 타려고 미적 참여를 하지 않는다. 미적 참여는 목표나 종점에 이르지 못해도 괜찮다. 애초에 목표나 종점이 없기 때문이다. 그림은 적당히 보다가 말아도 된다. 이런 활동은 정해진 (혹은 인위적인) 종점이 없다. 미적 참여는 제한이 없는 활동이다.

미적 참여에 대한 모든 견해는 이런 중요한 특징, 즉 미적 참여는 제한이 없으며 트로피를 타기 위한 활동이 아닌 하나의 과정임을 설명해주어야 한다. 하지만 이 또한 미적인 것을 비미적인 것과 구분해줄 기준점이 되기는 어려울 것이다. 나는 지금까지 그림 감상과 같은 사례에 초점을 맞추었는데 이런 활동에는 실제로 종점이 없다. 하지만 종점이 있는 미적 참여 사례도 있다. 소나타곡이나 영화는 명확히 정해진 종점, 즉 끝나는 시간이 있다. 우리는 소나타곡이나 영화가 끝난 뒤에도 그 작품에 대해 생각할 수 있지만, 엄밀히 말하면 그 경험 자체에는 종점이 있다. 이런 점에서 음악이나 영화 감상과 같은 미적 활동은 시간제한이 없는 그림 감상과는 무척 다르다.

과정을 위한 활동이라는 것은 미적 참여 사례의 중요한 측면이지만 모든 미적 참여의 보편적 특징은 아니다. 우리는 미적 참여를 바로 그 범주 내에서, 목표 지향적인 것과 그렇지 않은 것으로 구분할 수 있다. 하지만 목표 지향적이지 않다는 것이 그 범주를 규정하지는 못한다.

섹스와 마약, 로큰롤의 문제와 관련해 이것이 우리에게 시사하는 바가 무엇일까? 즐거움에 초점을 맞춘 견해와 마찬가지로 활동 자체를 위한 활동을 강조하는 견해 역시 성적 경험과 마약을 통한 경험의 범주를 공유한다. 올더스 헉슬리(1894~1963)는 자신의 마약을 통한 경험이 어떻게 미적 경험이 구분되는 것과 꼭 같은 방식으로 구분되는지에 대해서만 책 한 권을 썼다. 다시 말하지만 나는 이것이 섹스와 마약의 문제에 접근하는 옳은 방법이라고 생각한다. 어떤 성적 경험이나 마약을 통한 경험은 미학의 영역에 포함하는 것이 맞다. 하지만 미학에 접근하는 네 가지 표준 방법은 그 영역이 정확히 어디서 시작해 어디서 끝나는지 여전히 우리에게 명확한 설명을 내놓지 못한다.

'그 자체를 목적함'에 초점을 맞춘 견해는 미적 경험의 중요한 측면을 잘 드러내 보여주지만 그 측면만 중요한 것은 아니다. 어쨌든 미적인 것과 비미적인 것의 차이에 대한 최종 견해가 무엇이 되든, 그 견해는 그 자체를 위한 활동을 제한이 없는 방식으로 행하는 것의 중요성을 포착해야 한다.

주목?

앞서 살펴본 네 가지 견해에서 우리가 배운 것은 다음과 같다. 우선 아름다움에 초점을 맞춘 견해는 미용실 접근법을 차치한다면 미학은 무언가를 아름답게 보는 경험을 주로 다루는데, 여기서 '아름답게'라는 말은 우리 경험의 어떤 성격을 임의로 지칭하는 플레이스홀더이므로 미학에 대한 모든 견해는 그 말뜻을 설명해주어야 한다. 다음으로, 감정에 초점을 맞춘 견해는 우리의 경험에서 감정이 차지하는 중요성을 강조하지만 감정이 어떻게 미적 경험에 영향을 미치는지를 충분히 설명해주지 못한다.

한편 즐거움에 초점을 맞춘 견해는 북돋는 즐거움의 중요성을 강조하지만 어떤 유형의 주목이 그런 북돋는 즐거움과 관계있는지를 분명히 설명해주지 못한다면 불완전하다. 마지막으로, '그 자체를 목적함'에 초점을 맞춘 견해는 제한이 없고 초연한, 과정을 위한 활동의 중요성을 역설하는데, 단 '가치 부여' 개념은 끌어들이지 않는 설명이 뒷받침되어야 한다.

나는 이 견해들이 모두 같은 방향을 가리킨다고, 즉 미학의 고유성은 미적 경험을 할 때 우리가 주목하는 방식에 있다고 주장할 것이다. 이것은 무언가를 아름답게 보는 경험이 어떻게 미적인 자격을 얻는지, 또 그런 경험이 왜 감정적으로 고취되는지를 설명하는 데도 도움이 된다. 주목은 즐거움에 초점을 맞춘 견해가 간과한 부분이었으며, 제한이 없고 초연한 주목을 논하는 것은 '그 자체를 목적함'에 초점을 맞춘 견해의 많은 부분을 담아낸다. 마르셀 프루스트(1871~1922)가 말했듯 "주목은 다양한 형태를 취할 수 있으며 예술가의 소임은 그 가운데 최상의 주목을 이끌어내는 것"이다.

제 3 장

경험과 주목

미적인 모든 것의 공통성은 아주 단순한 데 있다. 바로 주목하는 방식이다. 이것은 마약을 통한 환각이나 성적 흥분을 경험할 때도 (혹은 그 둘을 동시에 경험할 때도) 나타날 수 있다. 하지만 걸작을 응시할 때라고 해서 쉽게 나타나는 것도 아니다.

주목에 따른 변화

〈007 골드핑거〉를 보았는가? 꽤 호평받은 007 시리즈물 가운데 하나다. 이 영화에는 오릭 골드핑거라는 자가 등장하는데 그는 황금이라면 물불을 가리지 않는 악당으로, 녹스 요새에 있는 미연방 중앙은행의 금괴를 몽땅 폭파해버리려는 음

1. '오릭 골드핑거', 〈007 골드핑거〉(1964)에 등장하는 제임스 본드의 상대역 악당

2. '도널드 J. 트럼프', 45대 미국 대통령

모를 꾸민다(그림 1).

오래전 영화지만 당신이 혹시 이 작품을 최근에 보았다면, 가령 지난 이삼 년 새에 접했다면 저 무뢰한 골드핑거와 45대 미국 대통령의 모습에서 묘한 유사성을 감지했을 것이 틀림없다(그림 2).

두 인물의 유사성을 일단 의식하고 나면 더는 의식하지 않으려야 않을 수 없다. 이 유사성은 영화를 볼 때 실제로 당신의 신경을 거스른다. 자신이 보유한 금괴의 시가를 부풀리기 위해 중앙은행의 금준비(金準備)를 날려버리려는 골드핑거의 행태를 보노라면 특히 그렇다. 어쨌든 내게는 바로 이 점이 영화의 재미를 뚝 떨어뜨린다.

골드핑거와 도널드 트럼프의 유사성에 주목하는 순간 엄청난 변화가 일어날 수 있다. 당신의 경험이 미적으로 확연히 달라질 수 있다. 저 영화의 어떤 특성에 주목하느냐가 대단히 중요하다는 말이다. 부적절한 특성에 주목하면 경험을 그르칠 수도 있다.

이 사례에서는 주목의 이동에 따른 미적 변화가 부정적인 듯하다. 하지만 늘 그렇지는 않다.

적절한 특성에 주목하면 당신의 경험은 완전히 달라질 수 있다. 브뤼헐이 그린 16세기 플랑드르 풍경화를 보자(그림 3). 그림 속의 풍경을 멋들어지게 양분하는 사선 위로는 바다가,

3. 대(大) 피터르 브뤼헐, 〈이카로스의 추락〉, 1555년경, 브뤼셀왕립미술관

아래로는 육지가 펼쳐지고 그 중심에는 쟁기질에 여념이 없는 소작농 한 사람이 눈에 띈다. 예스러운 일상 풍경으로 이렇다 할 극적인 요소는 보이지 않는다. 그림의 제목이 〈이카로스의 추락〉이라는 것을 알기 전까지는.

뭐? 이카로스가 있다고? 어디에도 추락하는 자는 보이지 않는다. 이 소작농이 저 극적인 신화 속의 사건과 무슨 관계라도 있는 것일까? 당신은 그림 구석구석을 살피며 이카로스의 흔적을 찾는다. 그리고 마침내 큰 돛단배 바로 밑 오른쪽 구석에서 그를(막 바다에 빠져 허우적대는 그의 다리를) 발견한다.

이제 당신의 경험은 무척 달라졌을 것이다. 이카로스의 다리가 그려진 화폭 일부는 당신이 앞서 이 그림을 경험할 때는 특별히 눈에 띄는 특성이 아니었다(그곳에는 눈길 한번 주지 않았을지도 모른다). 하지만 지금은 그림 속의 모든 것이 왠지 그 부분과 관련이 있는 것만 같다.

처음에는 이 그림이 산만해 보였겠지만 이카로스의 다리에 주목하는 순간 그림의 각 요소가 서로 관계있어 보이기 시작한다. (이것이 얼추 500년 전에 브뤼헐이 목적했던 바가 아닐까.)

이번에는 음악과 관련된 사례를 살펴보자. 음악에서는 베이스에 주목하느냐 멜로디에 주목하느냐에 따라 엄청난 변화가 일어날 수 있다. 그런데 이런 변화가 유독 두드러지는 경우가 있다. 바로 요한 제바스티안 바흐의 〈음악의 헌정〉(1747)

첫번째 카논으로, 두 대의 악기를 위한 푸가 양식의 곡이다. 이 곡은 전개 과정이 놀랍다. 두 악기는 같은 멜로디를 연주하지만 하나는 시작에서 끝으로 나아가고, 다른 하나는 끝에서 시작으로 역행한다.

이 점은 악보를 보지 않으면 눈치채기 힘들다. 하지만 일단 알고 나면 그 음악을 들을 때 이런 특성에 주목할 수밖에 없다. 바흐가 이 곡을 쓴 이유도 여기에 있으며 이로써 그는 자신의 기량을 뽐낼 수 있었다. 이런 특성에 주목할 때는 긍정적인 미적 변화가 일어나는 듯하다.

좀더 친근한 사례로는 시트콤 〈내가 그녀를 만났을 때〉(CBS, 2005~2014)를 들 수 있다. 아홉 개 시즌으로 편성된 이백여 편의 에피소드 대부분은 환상의 짝꿍 바니와 로빈의 복잡다단한 연애와 결혼 이야기를 다룬다. 특히 마지막 시즌은 온통 그들의 결혼에 초점을 맞춘다. 그런데(스포일러 있음!) 최종 에피소드에 이르러 이 시트콤 총감독은 종영을 단 이 분 남겨놓고, 저 환상의 짝꿍이 헤어지고 로빈과 테드가 재결합하는 것으로 이야기를 끝맺는다.

팬들이 충격을 받고 화가 단단히 났던 모양이다. 이 최종 에피소드는 그해 최악의 방송분에 선정된다. 반전의 결말은 〈내가 그녀를 만났을 때〉의 수많은 열혈팬이 자신이 산 기념품과 수집품을 모조리 불살라버리게 만들었지만 한편으로는 성취한 바도 있었다. 혹시 당신이 이 시트콤을 시즌 1~9까지 다시 정주행한다면 그때는 이야기의 흐름을 전과는 매우 다르게 파악할 것이다. 테드와 로빈 사이에서 일어나는 순간순간이 훨씬 더 자주 당신의 주목을 끌 것이다. 따라서 당신은 이야기의 결말을 알기 전이었을 때와는 사뭇 다른 방식으로 세 인물의 역학 관계에 주목하게 된다.

이것은 극영화에서 흔히 사용하는 수법이다. 관객이 한 영화에 돈을 더 쓰게 만드는 방법 하나는 그들이 영화를 다시 보게 만드는 것이다. 그래서 모종의 야심을 품은 영화들은 맨 끝에 가서 무언가를 폭로하는 전략을 쓰는데, 지금 알게 된 정보를 갖고 그 영화를 또 한번 보는 경험이 굉장히 색다르게 여겨질 정도다. 크리스토퍼 놀란 감독의 〈메멘토〉(2000)와 〈인셉션〉(2010)이 잘 알려진 사례지만 그 밖에도 많다. 당신은 결말에 이를 때까지 무슨 일이 일어날지 거의 예측하지 못한다. 하지만 다시 한번 볼 때는 그전과 매우 다른 방식으로 영화를 보게 되는데 같은 이야기라도 아주 다른 특성들에 주목하기 때문이다.

이번에는 예술과 무관한 사례를 살펴보자. 내가 지금까지 먹어본 최악의 음식과 관련된 이야기다. 첫아이 출산을 앞둔 아내가 진통을 시작했다. 나는 아내를 차에 태워 서둘러 병원에 데려다준 다음, 병원에 머무는 동안에 쓸 갖가지 물건을 챙

기러 다시 집으로 돌아가야 했다. 배꼽시계가 울어댔지만 가능한 한 빨리 병원으로 되돌아가고 싶은 마음이 간절했다. 그래서 나는 먹다 남은 중국요리를 전자레인지에 던져 넣고 가방을 싸기 시작했다. 데운 음식은 뜨거워도 너무 뜨거웠다. 하지만 식힐 시간이 없어서 마구 욱여넣다가 그만 입천장이 다 까지고 말았다. 뭐 대단한 요리 경험은 아니다. 어쨌든 삼 분 만에 집을 나섰다!

'먹다 남은 중국요리'라고는 했지만 사실 시내의 최고급 중식당에서 우리 부부가 먹고 남긴 요리를 싸온 것이다. 전날 밤 그곳에서 나는 아내와 함께 저녁을 먹었는데 맛이 일품이었다. 생애 최고의 식사였다고는 못해도 제법 근사한 식사였다. 그런데 다음 날은 그렇게까지 맛있지 않았다. 무슨 변화가 일어났던 것일까? 주목에 따른 변화였음이 틀림없다. 허둥대며 기저귀와 포대기를 가방에 쑤셔넣는 동안 나는 여러 가지에 주목했지만 음식은 아니었다.

당신이 주목하는 것이 당신의 경험 일반을 엄청나게 변화시킨다. 또 예술품에 대한 경험도 엄청나게 변화시킨다. 나중에 〈007 골드핑거〉를 볼 때 알게 되겠지만 그것이 당신의 경험을 완전히 망쳐버릴 수도 있다(유감이다!). 반대로 당신의 경험을 한층 더 값지게 만들어줄 수도 있다. 그리고 때로는, 같은 예술품인데도 어째서 무엇에 주목하느냐에 따라 달라

보이는가 하는 문제에 당신을 직면시킬 수도 있다.

그런데 이때 주목의 문제는 미학에 관심을 기울이는 모든 사람에게 굉장히 중요해진다. 강단 철학자나 미술사가뿐 아니라 우리 모두에게. 당신이 박물관에 앉아 당신 앞의 예술품을 이해하기 위해 애쓰고 있다고 상상해보자. 이때 주목해야 하는 것은 무엇일까? 당신 앞의 예술품은 여러 가지 특성을 보여주는데, 아마도 작가가 그 작품과 관련해 전하고 싶은 말이 많았을 것이다. 당신은 작가가 작품에서 중요하게 여겼던 특성에 주목해야 할까? 아니면 오디오가이드가 알려주는 특성에만 주목해도 될까?

우리는 예술품을 감상할 때 으레 예술품의 일부 특성만 주목하고 나머지는 무시한다. 가령 그림을 볼 때 물감의 균열은 무시하고 그 밖의 표면적 특성에만 주목한다. 균열은 고려 대상에서 배제한다. 그리고 바로크 시대에 재건축한 로마네스크양식의 교회를 볼 때는 그 중세적 구조를 완상하기 위해 바로크적 요소는 무시하려고 할 것이다. 이 또한 예술품의 특성 일부를 도외시하는 것이다.

그런데 예술품의 어떤 특성을 주목해야 하고, 어떤 특성을 무시해도 되는지 혹은 적극적으로 배제해도 되는지를 어떻게 알 수 있을까? 안타깝지만 정답이나 손쉬운 방법은 없다. 미적 향유의 성패는 주목에 달렸다. 주목은 (〈007 골드핑거〉의 사례에서 보듯) 위험할 수도 있지만, 제대로만 배분되면 미적으로 매우 가치 있는 경험을 선사할 수도 있다. 우리는 자신이 미적 참여를 할 때 무엇에 주목하고 어떻게 주목하는지를 이해하기 위해 더 노력해야 한다.

주목의 초점

우리는 지각 심리학을 통해 주목에 대해 많은 것을 배운다. 그리고 주목이 우리의 경험을 엄청나게 변화시킬 수 있다는 것도 알게 되는데, 주목과 관련된 최근의 아주 유명한 실험 하나가 이 점을 잘 보여준다. 당신은 농구공을 갖고 노는 사람들이 나오는 짧은 영상을 본다. 한 팀은 흰 셔츠를, 또 한 팀은 검정 셔츠를 입었다. 당신의 임무는 흰 셔츠를 입은 팀원이 서로 공을 몇 번이나 주고받는지 세는 것이다. 이 임무를 수행하는 동안 피험자 과반수는 어떤 사람이 전신 고릴라 탈을 뒤집어쓰고 프레임 안으로 걸어 들어와 우스꽝스러운 몸짓을 하고 사라지는 칠 초간의 해프닝을 눈치채지 못한다. 무슨 횟수를 세는 임무를 수행하지 않았다면 당신은 즉각 그 고릴라의 존재를 알아챘을 것이다. 이렇듯 무엇을 주목하느냐가, 고릴라 분장을 하고 화면 한복판에 나타난 자를 당신이 발견하느냐 마느냐에 결정적 영향을 미친다. 이 현상을 전문 용어로는 '부주의맹(不注意盲)'이라고 한다.

이 실험과 관련해 거의 알려지지 않은 재미있는 사실이 있다. 당신이 검정 셔츠를 입은 팀이 공을 패스하는 횟수를 셀 때는 아까와 같은 현상이 일어나지 않는다는 것이다. 그 이유는 고릴라 탈이 검정이라는 데 있다. 당신이 흰 셔츠를 입은 팀에 주목할 때는 상대팀과 체육관, 고릴라 탈을 비롯해 다른 모든 것이 잡음이 된다. 그래서 당신은 그 잡음을 무시하고 차단한다.

하지만 당신이 검정 셔츠를 입은 팀에 주목하면 고릴라의 등장을 눈치챌 것이다. 그 탈도 검정이기 때문이다. 그리 놀랄 일도 아니다. 가령 택시를 잡을 때 당신은 모든 자동차를 노랑과 노랑이 아닌 것, 둘 중 하나로 본다(물론 당신이 사는 곳의 택시는 다른 색일 수도 있다). 노랑이 아닌 자동차들은 존재하지도 않는다는 듯 말이다. 그것들은 차단해야 할 잡음이다. 『월리를 찾아라』에서 월리를 찾는 경우도 마찬가지다. 이때는 빨강/하양 줄무늬가 없는 것은 죄다 당신을 따돌리기 위한 방해물일 뿐이므로 무시해도 된다.

우리는 보통 자신이 보는 대상의 아주 구체적인 특성에만 주목하고 나머지는 무시하며 살아간다. 가령 시간제한이 있는 십자말풀이같이 주의를 많이 기울여야 하는 일을 할 때는 정신을 흐트러뜨리지 않기 위해 무시해야 할 것이 무척 많다.

주위에서 풍기는 냄새나 들리는 소리를 비롯해 (십자말풀이를 제외하고) 시야에 들어오는 많은 것을 무시해야 한다. 우리는 무시하는 능력을 타고났다.

그런데 나를 둘러싼 세상의 많은 부분을 차단하는 이 놀라운 능력이 없다면 우리는 어떻게 될까? 우리의 정신력은 한계가 있다. 무언가에 집중하고 싶다면 나머지는 무시해야 한다. 우리는 거의 항상 무언가에 집중해야 한다. 아침을 먹을 때, 차를 타고 출근할 때, 업무를 할 때 등등.

우리는 우리가 그런 능력을 어떻게 그리 잘 발휘하는지 그 심리 기제를 알고 있다. 시각 정보를 처리하는 초기 단계부터 이미 우리는 매우 선택적이다. 당면 상황과 관련된 정보만 처리하는 것이다. 나머지 정보는 모두 폐기한다. 고릴라의 특성은 주어진 임무와 무관하므로 폐기한다. 흰 셔츠를 입은 팀이 무엇을 하는지만 주목하면 되는 임무이므로 (고릴라를 포함해) 검은 것은 모두 부수적 특성으로 밀려난다.

당신의 경험은 당신이 주목하는 것에 좌우된다. 주목의 초점을 바꾸면 경험도 변할 것이다. 같은 연주회장에서 겪는 경험이라도 당신이 객석을 훑으며 빈자리를 찾는지, 아니면 친구를 찾는지에 따라 아주 달라질 것이다. 빈 좌석을 찾을 때는 모든 사람이 배경에 묻히고 빈 좌석만 눈에 띌 것이다. 하지만 친구를 찾을 때는 친구와 닮은 사람들의 얼굴 말고는 보이지 않을 것이다. 정말이지 무척 다른 경험을 하는 것이다.

그런데 주목이 어떻게 미적 경험을 특징지을까? 여기서 우리는 무엇에 주목하느냐뿐 아니라 어떻게 주목하느냐에 대해서도 생각해봐야 한다. 주목 방식은 다양하며 그 가운데 어떤 방식은 (적어도 어떤 종류의) 미적 경험을 하는 데 특히 유리하다.

주목 방식

부주의맹 연구가 시사하는 중요한 교훈 하나는 우리가 주목하지 않는 것은 우리의 경험에 전혀 각인되지 않는다는 것이다. 우리는 마치 그것을 보지 못한 것처럼 생각한다. 고릴라에 주목하지 않았을 때 우리는 고릴라를 보지 못했다. 고릴라와는 완전히 무관한 경험을 한 것이다. 이렇듯 주목하는 것이 없으면 아무런 경험도 할 수 없다.

당신이 한 고급 식당에서 값비싼 음식을 먹게 되었다고 치자. 다만 업무상의 점심 식사로, 상사에게 잘 보여야 하는 정말로 중요한 자리다. 아마도 당신은 음식을 좀처럼 즐기기 어려울 것이다. 요리가 주는 즐거움만 따지자면 평범한 여느 식사와 별반 다르지 않았을 것이다. 음식이 아니라 다른 데 주목하기 때문이다. 주목은 제한된 능력이다. 따라서 무언가는 포

기해야 한다.

시(視) 과학자와 심리학자가 주목의 종류를 구분하는 큰 기준은 그것이 집중되느냐 분산되느냐다. 화면에서 움직이는 점 다섯 개를 동시에 쫓을 때 주목은 분산된다. 하지만 점 한 개만 쫓을 때는 주목이 집중된다. 심리학에서 집중과 분산은 이른바 '시각 탐색' 임무(가령 월리를 찾아라!)를 설명하고 이해할 때 빠지지 않고 꼭 등장하는 개념이다.

이런 구분은 우리가 얼마나 많은 대상에 주목하느냐에 따른 것이다. 그런데 모든 대상은 제각각 다양한 특성을 띠기 마련이다. 내 커피잔은 색과 형태, 무게 등이 있다. 우리는 한 대상을 보더라도 그 대상의 다양한 특성에 주목할 수 있다. 따라서 잔의 색에 주목하느냐 무게에 주목하느냐에 따라 아주 다른 경험을 할 것이다. 주목의 초점을 무게에서 색으로 옮기면 경험도 변한다. 이처럼 하나의 대상에 주목할지 다섯 개의 대상에 주목할지를 선택하는 것과 마찬가지로, 우리는 한 대상의 한 가지 특성에 주목할지 다섯 가지 특성에 주목할지도 선택할 수 있다.

따라서 선택 가능한 주목 방식은 두 가지가 아니라 네 가지다.

㈎ 단일 대상의 단일 특성

(나) 여러 대상의 단일 특성

(다) 여러 대상의 여러 특성

(라) 단일 대상의 여러 특성

항목은 깔끔하고 조리 있어 보이지만 사실상 (다)는 불가능한 선택 사항이다. 우리의 시각계(視覺系)가 작동하는 방식에 부합하지 않기 때문이다. 각기 다른 다섯 개의 대상으로 주목을 동시에 분산하기는 어렵다. 조건이 아무리 완벽해도 일 분을 채 넘기지 못한다. 그 뒤에는 반쯤 얼이 나가버릴 것이다. 딱 다섯 개가 한계다. 여섯 개가 넘어가면 어느 것 하나도 주목하기 힘들다. 이렇듯 다수의 대상으로 주목을 동시에 분산하면 그 능력에 과부하가 걸린다. 그 대상들에서 찾는 특성이 하나뿐이더라도 말이다. 여러 대상의 여러 특성에 주목하려고 아무리 기를 써도 소용없다. 대상과 특성 가운데 어느 한쪽은 주목의 중심에서 벗어나고 만다.

하지만 (다)를 제외한 나머지 주목 방식 셋은 우리에게 제법 익숙하다. 조리대에 놓인 물건들을 쭉 한번 훑어보라. 당신은 그 물건들 가운데서, 가령 커피잔 하나를 골라 그 색에 주목할 수 있다. 이것은 단일 대상의 단일 특성에 주목하는 방식이다. 그리고 붉은색 물건들에 주목할 수도 있는데 이것은 여러 대상의 단일 특성에 주목하는 방식이다. 끝으로 커피잔 하나에 주목하면서 그 커피잔의 개별 특성을 두루 살필 수도 있다.

단일 대상의 단일 특성에 주목하는 경우는 흔하다. 우리는 정확성이 필요한 일을 할 때면 늘 그런 주목 방식을 취한다. 가령 사과를 깎을 때 우리는 껍질을 벗기는 데만 집중하지 나머지 특성(색 따위)에는 신경을 쓰지 않는다. 한편 여러 대상의 단일 특성에 주목하는 경우는 훨씬 더 흔하다. 우리는 평상시 무언가를 찾을 때 항상 그런 방식으로 주목한다.

택시를 잡을 때 내가 주목하는 방식이 바로 그렇다. 그때 나는 모든 택시의 한 가지 특성, 즉 차 색깔이 노랑인지 어떤지만 살핀다. 비행 편을 알아보러 공항에 갔을 때도 나는 같은 방식으로 주목한다. 눈에 비치는 모든 승객과 여행 가방 등 주목할 수 있는 대상은 여럿이다. 하지만 내게는 그 대상들의 한 가지 특성만이 중요하다. 달리 말해 내가 그 대상들을 어떻게 처리해내느냐만이 문제다. 그 밖의 특성들은 중요하지 않으므로 모두 무시한다. 가령 콧수염을 기른 승객이 몇 명이나 되는지 따위에는 주목하지 않는다.

단일 대상의 여러 특성에 주목하는 경우는 좀더 드물다. 고급 식당에서 아주 값비싼 요리를 음미하거나 미술관에서 그림을 완상하려고 할 때 당신은 한 가지에만, 즉 자기 앞의 요리나 그림에만 주목한다. 문제는 그 요리나 그림의 어떤 특성에 주목하느냐다.

여기서 선택할 수 있는 주목 방식은 두 가지다. 우선 당신은 자신이 보는 대상의 단일 특성에 완전히 사로잡힌 채 몰두할 수 있다. 이것은 어려운 일을 처리할 때 종종 필요한 주목 방식이기도 하다. 다음으로 당신은 그 대상의 여러 특성에 주목할 수도 있다. 흥미로운 일이 벌어지는 것은 이때다.

단일 대상의 여러 특성에 주목한다고 해서 미적 경험을 하리라는 보장은 없다. 하지만 좋은 출발점은 될 수 있다. 제임스 본드는 시한폭탄을 해체하지 못해 초조해한다. 폭탄의 어느 부분이 무슨 기능을 하는지 전혀 모른다. 이때 본드는 단일 대상의 여러 특성에 주목한다. 그런데 본드가 과연 이런 경험을 또 하고 싶어할지는 모르겠다.

단일 대상의 여러 특성에 대한 주목은 자유롭고 제한이 없어야 한다. 궁지에 몰린 제임스 본드는 시한폭탄 해체 방법을 찾으려고 폭탄의 이쪽저쪽을 굉장히 집중해서 주목한다. 본드는 자신이 무엇을 해야 하는지는 잘 알지만 어떻게 해야 하는지는 전혀 모른다. 본드는 여러 특성에 주목하지만 그 모든 특성에 대한 그의 주목은 극도로 예민하다.

어떤 종류의 미적 경험을 할 때 우리는 이와 정반대 방식으로 주목한다. 특정한 어떤 것도 찾지 않는다. 우리는 자신이 마주한 그리 특별할 것 없는 풍경(화)의 다양한 특성에 주목하지만 어떤 개별적 특성이나 일단의 특성에도 집중하려고 하지 않는다. 자유롭고 제한 없이 주목하는 것이다.

지금까지 주목 방식의 여러 차이를 살펴보았는데 현재 우리가 중요하게 다루어야 할 것은 하나다. 바로 제한 없는 주목과 제한 있는 주목의 차이다(앞으로 '제한 있는' 대신에 '고정된'이라는 표현을 쓰기도 할 것이다). 제한 없는 주목은 모두 분산되지만 분산되는 주목이라고 해서 모두 제한이 없는 것은 아니다. 가령 제임스 본드의 주목은 분산은 되지만 제한이 있다. 분산된 주목은 우리가 제한 없는 주목을 하고 싶을 때 좋은 출발점이 되어주지만 그것만으로는 부족하다.

사과를 깎을 때 우리의 주목은 고정된다(직업상 사과 껍질을 벗기는 사람의 주목은 그렇지 않겠지만 내 경우는 확실히 그렇다). 단일 대상의 단일 특성에 주목하는 것이다. 이것은 고정되고 집중된 주목이다. 택시를 잡으며 모든 자동차의 한 가지 특성만을, 즉 차 색깔이 노랑인지 아닌지만을 살필 때도 우리의 주목은 고정된다. 고정된다는 점에서는 본드의 주목도 마찬가지인데, 단 그의 주목은 폭탄의 여러 특성에 두루 고정된다. 분산되되 고정된 주목인 것이다. 이런 경험들은 제한 없는 주목과 전혀 관계없으며 그리 즐겁지도 않다.

시 과학에서는 집중되느냐 분산되느냐를 기준으로 주목 방식을 구분했다. 그런데 분산된 주목이라고 해서 꼭 제한이 없는 것은 아니다. 택시를 잡을 때 당신의 주목은 (대상들로) 분산은 되지만 분명히 제한이 있다. 그리고 제임스 본드의 주목도 (속성들로) 분산은 되지만 제한이 있기는 마찬가지다. 우리가 단일 대상의 여러 특성으로 주목을 분산할 때, 단 특정한 목적이나 목표를 염두에 두지 않을 때 나는 이런 주목 방식을 '제한 없는 주목(open-ended attention)'이라고 부르겠다.

고정된 주목은 결국 심신을 지치게 한다. 반면 제한 없는 주목은 정신을, 적어도 지각계(知覺界)를 이완하는 휴식과 같다. 우리의 지각계도 가끔은 휴식이 필요하다.

주목을 운동에 비유해 설명하면 좀더 이해하기 쉬울 것이다. 당신이 이두박근을 단련하기 위해 집요하게 팔 운동만 반복한다고 치자. 이것은 단일 대상의 단일 특성에 주목하는 경우다. 하지만 당신은 그와 동시에 여러 근육을 단련할 수도 있다. 가령 팔 운동을 하면서 러닝머신을 뛴다든가 하는 식으로 말이다. 이것은 단일 대상의 여러 특성에 주목하는 경우와 같다. 하지만 이런 운동 방식은 둘 다 제한이 있다.

물론 운동은 유익하지만 날마다 온종일 운동하는 것은 너무 지나치다. 휴식도 필요하다. 가만히 있는 것만 휴식이 아니다. 한가로이 거리를 거닐며 여러 근육을 가볍게 움직이는 것도 휴식이다. 제한 없는 주목은 바로 이런 경우와 같다.

운동과 주목은 한 가지 큰 차이가 있다. 우리가 온종일 내내 운동하는 경우는 거의 없다. 하지만 우리는 거의 항상 무언가를 집중해서 주목한다. 그러지 않으면 접시를 깨뜨리고, 우유를 쏟고, 교통사고를 내는 일이 끊이지 않을 것이다. 따라서 우리는 집중해서 주목할 필요가 전혀 없을 때 무엇을 하는 것이 좋을지 진지하게 고민해보아야 한다. 흔치 않은 귀중한 순간이기 때문이다.

몸이 근력 운동을 하지 않고 쉬어야 할 때가 있듯 지각계도 고정된 주목을 하지 않고 쉬어야 할 때가 있다. 체육관을 나서자마자 또다른 근력 운동을 시작하는 것은 그야말로 어리석은 행동이다. 교통 혼잡을 피하거나 진급을 하려고 안달할 필요가 없는데도 구태여 신경을 곤두세우고 그 귀중한 시간을 보내는 것 또한 정말이지 바보 같은 짓이다. 제한 없는 주목은 마음의 휴식이며 그런 휴식 없는 삶은 고역일 것이다.

미적 경험이 지각계의 휴식을 위한 것이라는 말이 아니다. 지각계에 무리가 가면 미적 경험도 하기 힘들다는 점을 지적하려는 것일 뿐이다. 제한 없는 주목은 특별하다. 제한 없이 주목할 때 우리는 한 그림 속의 무관해 보이는 두 형태를 비교할 수 있다. 그리고 바이올린과 피아노의 독립된 두 멜로디가 한 곡에서 멋진 대비를 이루어나가는 방식도 추적할 수 있다. 또 한 요리에 들어간 재료들의 차이점이나 유사점을 발견하는 것도 가능하다. 적어도 어떤 종류의 미적 경험은 이런 주목 방식을 특징으로 한다.

모든 미적 경험이 제한이 없는 것은 아니다. 어떤 미적 경험들은 제한이 없어 보이지만, 당신은 자신의 강렬한 미적 경험 전부를 그렇게 특징짓는 데 전혀 동의하지 않을 것이다. 아마도 당신의 강렬한 미적 경험들 일부는 고정되고 훨씬 집중된 주목 방식을, 즉 대상을 향한 초연한 태도가 아닌 적극적 관심을 수반할 것이다. 프랑스 전위 영화감독 다니엘 위예(1936~2006)는 이렇게 말했다. “우리는 관객이 우리 영화에 빠져들기를 바란다. ‘거리 두기’ 운운하는 그 모든 이야기는 개소리다.” 나도 이쯤 해두겠다. 하지만 대개의 미적 경험이 제한 없는 주목을 수반하는 것은 사실이다.

지각의 자유

여러 미적 상황에서의 주목은 자유롭고 제한이 없다. 하지만 시한폭탄의 뇌관을 찾아 제거해야 하는 제임스 본드의 주목은 그렇지 않다. 본드가 폭탄의 어떤 특성도 자유롭게 주목하지 못했던 것은 당연하다. 가령 전선들 가운데 무엇을 잘라야 할지는 안중에 없이 그 전선들이 이루는 색의 조화에 주목하는 것은 멍청한 짓이리라. 그의 주목에 제한이 따랐음은 아주 명백하다.

제한 없는 주목을 자유와 관련짓는 것은 한갓 비유가 아니다. 제한 없이 주목할 때 우리는 특정한 어떤 것도 찾지 않는다. 자신이 찾는 것을 발견하는 데 만족할 뿐 완수해야 할 특정 임무는 없다. 이것은 우리가 무관심하다(not interested)는 뜻이 아니라 찾아야 할 특정한 것이 전혀 없다는 말이다. 제한 없는 방식으로 주목할 때 우리의 지각은 자유로워진다.

처음 보는 그림을 접하면 우리는 보통 이곳저곳을 살피며 그림의 여러 특성에 두루 주목한다. 단, 무엇을 찾을지는 명확히 염두에 두지 않는다. 이것은 제약도, 접근 금지 구역도 없는 탐색과 같다. 따라서 (거의) 모든 것이 흥미롭고 의미 있어 보일 수 있다.

우리는 시야에 들어오는 거의 모든 것을 흘려 보고 무시하는 데 굉장히 능숙한데 이것은 중요한 것을 주목하기 위해서다. 하지만 제한 없는 주목을 할 때 우리는 놀라운 경험을 할 수 있다. 그때는 고정된 주목을 할 때보다 훨씬 예측하기 어려운 상태지만, 바로 그런 까닭에 훨씬 가치 있는 순간이 된다.

주목은 행위다. 깨어 있을 때면 늘 하는 행위다. 다른 모든 행위와 마찬가지로 우리는 주목을 자유롭게 행할 때도 있고 아닐 때도 있다. 보통은 그리 자유롭지 않다. 접근 금지 구역도 있다. 실제로 고정된 주목을 할 때 우리의 주목이 접근할 수 있는 구역은 거의 없다. 고정된 주목의 대상이 아닌 것은 방해물일 뿐이므로 접근해서는 안 된다.

하지만 제한 없는 주목을 할 때 우리는 자유롭게 주목의 초점을 옮길 수 있다. 이런 자유는 미적 상황에서 주목이 작동하는 방식의 여러 중요한 특징을 설명해주기도 한다. 그런데 안타깝게도 제한 없는 주목은 당신이 마음만 먹으면 아무 때고 시작할 수 있는 그런 것이 아니다. 주목의 초점을 넓히기 위해 주목의 제한을 완화하려는 시도는 그 자체로 고정된 주목 활동이지 제한 없는 주목 활동이 아니다. 애쓰지 않으려고 애쓰는 일은 성공하기 어렵다.

제한 없는 주목을 하려면 시간도 필요하다. 성급하면 하기 힘들다. 이유는 간단하다. 서두를 때는 주목할 수 있는 것이 제한된다. 삼십 초 안에 마무리해야 할 일을 하면서 어디든 자유롭게 주목할 수는 없다.

주목을 버터라고 생각해보자. 한정된 자원이지만 다양한 방식으로 펴 바를 수 있다. 얇게도, 두껍게도 가능하다. 그것을 흥미로워 보이는 여러 특성에 펴 바르면 발리는 두께가 얇은 만큼 각 특성이 덜 주목받는다. 이 특성들을 향한 주목은 가볍고, 부드러우며, 예민하지 않다. 그리고 한층 더 즐겁다.

미적 주목

제한 없는 주목은 미적 경험의 중요한 특징이다. 그렇다면 제한 없는 주목이 미적 경험의 성패를 좌우하는 조건일까? 그렇지는 않은 듯하다. 제한 없는 주목은 아주 특정한 시대(대략 이삼백 년 전)에, 아주 특정한 지역(주로 '서양')에서 성행했던 미적 경험의 특징이다. 중세 사람들이 제한 없는 주목을 즐겼는지 어땠는지에 대한 증거는 거의 없으며, 무엇보다도 그런 주목 방식은 스마트폰에 집착하게 된 오늘날에는 사라져버릴지도 모른다. 요즈음은 제한 없는 주목을 하기에는 확실히 불리한 시대다. 전위 행위예술가 마리나 아브라모비치(1946~)가 말했듯 "오늘날 우리의 주의력은 텔레비전 광고를 감당하지 못한다. 우리는 예닐곱 개의 문제를 끊임없이 응시한다". 이것은 제한 없는 주목이 전혀 아닌 듯하다.

페르난두 페소아나 수전 손택, 마르셀 프루스트와 같은 사람들은 주목에 제한이 없는 미적 경험을 아름답게 묘사했으며, 우리는 그들이 말하는 경험이 어떤 것인지 귀 기울여볼 필요가 있다(물론 그런 경험만이 미적으로 여겨질 수 있는 것은 아니다). 하지만 주목의 역할을 진지하게 받아들일 때 우리는 비교적 제한이 있는 미적 경험에 대해서도 무언가를 말할 수 있다.

미적 경험을 할 때 우리는 자신이 보는 대상에만 주목하지 않는다. 자신의 경험 질(質)에도 주목한다. 나아가 양자의 관계에도 주목하는데 이 점이 중요하다. 우리는 자기 주변의 대상들에 주목하며 많은 시간을 보내지만 그 대상들에 대한 자신의 경험에는 거의 주목하지 않는다. 가령 교통이 혼잡할 때 나는 보통 내 앞의 차와 정지 신호등, 건널목 보행자에 주목한다.

하지만 우리는 눈에 비친 어느 대상에서 자신이 어떤 인상을 받는지에도 주목할 수 있다. 이것은 대상과 그 대상에 대한 경험 질의 관계에 주목함을 뜻한다. 내면으로 눈을 돌려 자신의 경험에만 몰두한다는 말이 아니다. 중요한 것은 대상과 그 대상에 대한 경험 질, 둘 다 우리의 주목 대상에 속한다는 점이다.

아주 흔한 예로, 사과를 볼 때 우리는 사과의 특성에 주목할 수 있다. 아니면 사과에 대한 경험 특성에 주목할 수 있다. 그것도 아니면 양자와 그 관계에 주목할 수 있다. 내 생각에는 이 셋째 방식의 주목이야말로 미적 경험의 결정적인 (그나마 보편적인) 특성이다.

권위에 한번 호소해볼까 한다. 페르난두 페소아도 이와 매우 유사한 견지에서 미적 경험을 묘사했는데, 그에 따르면 "참된 경험은 현실과의 접촉을 줄이는 동시에 그 접촉에 대한 분석을 심화하는 데 있다". 여기서 경험 대상과의 접촉을 심도 있게 분석한다는 것이 바로 내가 말하는 경험 대상과 경험 질의 관계에 대한 주목이다.

경험 대상과 경험 질의 관계에 주목하는 방법은 많다. 이 장에서는 양자의 관계에 주목하는 한 가지 특정 방식, 즉 제한 없는 주목을 주로 논했지만 그것이 다가 아니다. 여하간 제한 없고 통제받지 않는 주목이 중요한 이유 하나는 우리가 지각 대상의 특성뿐 아니라 자신의 경험 특성에도 자유롭게 주목할 수 있다는 데 있다.

첫 데이트에 입고 나갈 옷을 고를 때도 당신은 자신의 경험 질에 주목한다. 고른 옷을 걸치고 거울 앞에 서서 내 모습이 어때 보이는지 살핀다. 여기서 끝이 아니다. 당신은 데이트 상대가 어떤 반응을 보일지, 그의 반응이 나와 어떻게 다를지도 가늠해볼 것이다. 무슨 일을 하든지 간에 대상과 그 대상에 대한 경험 질의 관계에 주목하는 것은 꼭 필요하다.

힘들여 등산하는 경우도 마찬가지다. 당신은 정상에 올라 주위를 둘러본다. 그리고 당연히 발아래 펼쳐진 들판과 강 등 전망에 주목할 것이다. 하지만 그뿐이 아니다. 전망에만 주목할 것 같았으면 아까운 시간을 들여 등산할 이유도 없었으리라. 당신은 성취감에 젖은 자신의 경험에도 주목할 것이다.

본인이 촉발하고 싶은 것은 몰입의 경험이지, 제한 없는 혹은 초연한 경험이 아니라는 다니엘 위예의 단언은 어떤가? 몰입은 우리가 몰입 대상에 대한 자신의 경험을 전혀 의식하지 못하게 된다는 뜻이 아니다. 몰입해 있을 때 우리는 보통 자신이 몰입해 있음을 아주 잘 아는데, 그때는 몰입하는 대상뿐 아니라 그런 몰입 경험 자체를 즐기기도 한다. 이것은 지각 대상과 그 대상에 대한 경험의 관계에 주목하는 또다른 방법이다.

'서양'에서는 제한 없는 주목이 미적 경험에서 차지하는 중요성을 유독 강조하지만, 수많은 비'서양' 미학 전통에서는 지각 대상과 그 대상에 대한 경험 질의 관계에 주목할 것을 주로 역설한다. 이 점을 가장 잘 보여주는 예가 라사(Rasa)다. 라사는 산스크리트 미학의 핵심 개념으로 인도뿐 아니라 인도네시아, 나아가 동아프리카 지역의 예술관 형성에도 큰 역할을 했다.

라사는 우리 경험의 정취(情趣, emotional flavour)를 음미한다는 뜻으로 대개 번역된다. 여기서 맛(flavour)은 한갓 비유가 아니다. 산스크리트 미학에서 예술에 대한 경험은 우리의 모든 감각 양상에 몰두하는 다중양상의 경험(multimodal experience)이다. 그런데 지금 우리가 눈여겨볼 것은 '음미'라는 개념이다. 식사를 음미한다는 것은 서로 다른 경험이 이루는 대비와 조화의 관계에 주목한다는 뜻이다. 각기 다른 맛이 어떤 인상을 주는지에 주목한다는 말이다. 남은 중국요리를 꾸역꾸역 집어삼킬 때 나는 바로 이 점을 간과했다. 라사 이론에서는 내가 미적 주목이라는 말로 지칭하는 것을 예술작품에 대한 우리 경험의 대단히 중요한 요소 가운데 하나로 꼽는다.

혹자는 이것이 미적 경험을 너무 대수롭지 않게 설명하는 것은 아닌지 의심스러울지도 모른다. 가령 나는 사랑니를 뽑는 동안 나의 경험 질에 주목할 수 있다. 정말이다. 그리고 나는 사랑니와 내 통증의 관계에도 주목할 수 있다. 하지만 그런다고 해서 (아아!) 이 경험이 미적 경험이 되지는 않는다. 제한 없음의 조건을 충족하는 주목이 아니기 때문이다.

이제 우리는 미적 경험을 미적으로 만들어주는 것이 무엇인지에 대한 퍼즐을 완성할 수 있다. 그 마지막 퍼즐 조각은 바로 주목 방식이다. 그것은 무언가를 아름답게 보는 것으로 묘사될 수 있는 특수한 형태의 주목이다. 그런데 주목은 (꼭 그래야 하는 것은 아니지만) 감정에 따라 조정될 수 있다.

우리는 '그 자체를 목적함'에 초점을 맞춘 견해에서 초연함과 제한 없음이 미적 영역에서 차지하는 중요성을 배웠으며, 그 중요성을 금지 구역이 거의 없는 자유롭고 제한 없는 주목의 견지에서 정당화할 수 있다. 그리고 우리는 즐거움에 초점을 맞춘 견해가 우리에게 미적 주목 이론을 빚지고 있음을 보았는데, 바로 이것이 내가 지금까지 이 장에서 제시하려고 했던 이론이다.

마지막으로 섹스와 마약, 로큰롤의 문제로 되돌아가보자. 성적 경험을 하는 여러 경우에 우리는 자신이 지각하는 것과 자신의 경험 질의 관계에 주목하며, 이것은 마약을 통한 경험의 경우에도 마찬가지다(페요테peyote 환각 체험에 대한 헉슬리의 생생한 묘사의 핵심은 여기에 있다). 그렇다면 섹스와 마약, 로큰롤의 경험도 미적 경험이라고 부르지 못할 이유가 없다.

오래전부터 지각을 논할 때면 되풀이되는 다소 진부해진 주제 하나는 지각의 투명성이다. 이것은 우리가 깨끗한 창을 통해 밖을 내다보듯 자신의 경험을 통해 외부 대상을 바라본다는 뜻이다. 그 기본 입장에 따르면, 가령 당신이 토마토를 응시하면서 그 토마토에 대한 자신의 경험에 주목하려고 할 때 당신은 자연히 그 토마토 자체를 주목하기 시작한다. 이처럼 당신의 경험은 그 자체로 투명하며 당신은 그런 자신의 경험을 통해 외부 대상을 바라본다.

먹고 싶어서 토마토를 바라보는 경우라면 이 생각이 맞을 수도 있다. 하지만 토마토에 대한 미적 경험을 하는 경우라면 이야기가 매우 달라진다는 것이 내 생각이다. 이런 경우 당신은 토마토뿐 아니라 그 토마토에 대한 자신의 경험에도 주목한다. 나아가 양자의 관계에도 주목한다. 미적 경험은 투명하지 않다.

제 4 장

미학과 나

우리는 왜 많은 돈을 써가며 연주회에서 음악을 듣고, 책을 사서 볼까? 왜 수 시간씩 들여 미식(美食)을 만들까? 왜 박박 기를 쓰고 산 정상을 오를까? 우리가 이 모든 일을 하는 것은 각자가 소중히 여기는 경험을 하기 위해서가 아닐까. 이런 경험은 우리가 누구인지, 우리가 자신을 어떤 사람으로 생각하는지를 아는 데 중요하다.

정말로 그렇게 중요할까? 최근의 실험 연구는 우리 대다수가 음악이나 영화에 대한 취향을 자신의 가장 본질적인 특성으로 간주한다는 사실을 보여준다. 음식이나 옷에 대한 취향도 그에 못지않다. 자고 일어났더니 지금보다 훨씬 똑똑해졌다거나 둔해졌다고 상상해보라. 이 사람은 여전히 당신인가? 혹은 자고 일어났더니 더 상냥해졌다거나 더 홀쭉해졌다거나 공화당 지지자가 되었다거나 요가에 흥미를 잃었다고 상상해

보라. 그래도 이 사람은 당신인가?

연구 결과에 따르면 이런 시나리오 대부분은 당신이 자고 일어났더니 음악 취향이 예전과 정반대로 바뀌는 시나리오와는 비교가 되지 않는다. 우리는 도덕관이나 정치관, 심지어 종교관보다도 음악 취향을 훨씬 더 중요한 자기정체성의 일부로 여기는 경향이 있다.

나의 변화, 미학의 변화

음악이나 영화, 예술에 대한 취향은 우리에게 굉장히 중요하다. 먹는 음식이나 마시는 커피, 입는 옷에 대한 취향도 마찬가지다. 우리는 미적 선호를 자기정체성의 핵심으로 간주한다.

그런데 미적 선호는 우리도 모르는 사이에 놀랍도록 빠르게 자주 바뀐다. 최근의 연구 결과에 따르면 미적 선호의 변화는 중년층에서 가장 안정적이고, 청년층과 다소 뜻밖에도 노년층에서 한층 유동적이다. 하지만 그 변화가 가장 안정적인 연령층의 미적 선호도 그들이 각별히 관심을 기울이는 미적 영역에서 최소 이 주에 한 번씩은 크게 바뀐다.

우리는 자신이 별로 변하지 않는다고 믿고 싶어한다. 설령 변하더라도 그 변화를 통제할 수 있다고 생각한다. 하지만 엄청난 오산이다. 우리는 자신이 어떻게, 얼마나 변할지 거의 결정하지 못한다.

널리 연구된 심리 현상인 '단순 노출 효과(mere exposure effect)'를 예로 들어보자. 당신은 무언가에 노출될수록 그것을 점점 더 좋아하는 경향이 있다. 무언가에 단순히 노출되는 것만으로도 당신의 선호는 바뀐다. 그리고 이 변화는 당신이 무엇에 노출되는지 자각하지 못해도 일어난다.

단순 노출 효과는 사람이나 노래, 색깔, 나아가 그림에 대한 애호에도 영향을 미친다. 한 실험에서 코넬대학교 모 심리학과 교수는 시 과학을 소개하는 강의 슬라이드 사이에 무작위로 고른 듯한 그림 몇 점을 끼워 넣었다. 그래서 당신은 시각 원리에 대한 강의를 듣던 도중에 영문도 모른 채 느닷없이 르누아르나 모리조의 그림을 보게 된다. 이때 그림은 그저 장식용일 뿐이다.

이 그림들은 우연히 제시된 듯 보이지만 실험의 일부였다. 그 가운데 어떤 그림들은 다른 그림들보다 자주 노출되었고, 학기 말에 학생들은 제시되었던 그림들에 순위를 매기라는 요청을 받는다. 그들은 한 번이라도 더 자주 제시되었던 그림들에 차례로 더 높은 순위를 매겼다. 그런데 대다수는 자신이 그 그림들을 이전에 보았다는 사실을 전혀 기억하지 못했다고 한다.

단순 노출 효과는 당신이 그 노출을 인지하지 못하더라도 나타난다. 단순 노출 효과에 대한 한 가지 중요한 연구 결과는 무의식적 노출도 긍정적 평가의 가능성을 높인다는 것인데, 가령 그 자극이 순식간(0.2초 내)에 스쳐지나가거나 위장되어(교묘히 감추어져) 있더라도 말이다. 다소 당혹스러운 결과가 아닐 수 없다. 우리는 자신이 어떤 종류의 음악이나 예술에 노출될지를 어느 정도는 제어하지만 결코 완벽히는 아니다. 음악이 없는 공공장소를 찾기란 갈수록 어렵다. 카페를 가도, 쇼핑몰을 가도, 엘리베이터를 타도 음악이 흘러나온다. 이런 장소에서 노출되는 음악은 당신의 선호에 흔적을 남기는데 우리는 이 사실을 좀처럼 탐탁히 여기지 못할 것이다.

음악이나 영화, 음식, 옷, 예술에 대한 미적 선호는 우리에게 굉장히 중요하며 우리의 통제를 벗어나 변할 수 있고 지금도 변한다. 당신이 프리 재즈 애호가고 자신을 프리 재즈인이라고 생각하더라도, 슈퍼마켓에서 저스틴 비버의 음악에 노출됨으로써 당신은 그의 노래 가운데 특정 음악 스타일의 곡을 좀더 좋아하게 될 것이다. 하지만 전혀 눈치채지 못할 것이다. 변화는 감쪽같이 일어난다.

미적 선호가 나도 모르게 강제될 수 있다면 우리 정체성의 핵심은 무작위 단순 노출의 산물인 것처럼 보인다. 더구나 우리는 이런 노출에 무방비 상태다. 허세를 부리던 어린 시절,

나는 미술관 팝아트 전시실을 지나다닐 때면 일부러 눈을 감았다. 하지만 이런 시도는 성공하기 어렵(고 좀 위험하기도 하)다. 음악인 경우는 더더욱 그렇다. 취향은 바뀌며 우리가 할 수 있는 일은 많지 않다. 이에 당혹감을 감추기 힘들다는 사실만으로도 미적 영역이 자기 자신에게 얼마나 중요한지 알 수 있다. 우리는 미학과 나의 이런 긴밀한 연관을 무시할 수 없다.

경험 대 판단

'서양' 미학 대부분은 박식한 미적 판단의 문제를 다루었다. 미적 판단은 (보통은 스스로, 때로는 타자에게) 특정 대상이 아름답다거나 우아하다, 흉하다, 역겹다고 언명하는 것이다. 하지만 우리의 미적 참여 대부분은 전혀 이와 같지 않다. 만일 미적 참여가 그런 것이라면 우리가 왜 미적인 모든 것에 그토록 많은 관심을 기울이는지 설명하기 어려울 것이다. 우리가 세 시간이나 되는 영화를 보거나 온종일 산에서 하이킹을 하는 것은 그 영화나 풍경에 대해 박식한 미적 판단을 내리기 위해서가 아니다. 미학이 삶에서 차지하는 중요성을 진지하게 받아들인다면 우리는 미적 판단에서 벗어나 더 즐겁고 더 가치 있고 우리가 더 자주 행하는 종류의 미적 참여에 역점을 두어야 한다.

우리가 연주회에 가거나 수 시간을 들여 요리하는 것은 미적 판단을 표명하기 위해서가 아니다. 미적 판단이 왜 그렇게 중요한지 잘 모르겠다. 미적 판단은 사실 그리 재미있지도 않고 딱히 보람 있지도 않다. 우리가 미적 판단을 내리는 데서 (가령 좋아하는 책이나 영화 다섯 작품을 선정해 순위를 매긴 다음 그것을 SNS에 게시하는 데서) 어떤 즐거움을 얻는다면, 이 즐거움은 판단을 공유하는 것과 더 관계있지 실제로 판단을 내리는 것과는 별로 관계없을 것이다. 극장에서 영화를 보고 나온 뒤 친구와 그 영화에 대해 길고 열띤 논쟁을 벌이는 경우도 마찬가지다.

그에 반해 미적 상황에서 일어나는 경험의 시간적 펼쳐짐은 재미있고 가치 있으며 우리 각자가 모두 관심을 기울이는 것이다. 늘 그렇지는 않지만 그런 펼쳐짐이 미적 판단의 형태로 종점에 이를 때도 있는데, 이 때문에 우리가 그런 경험을 하는 것은 아니다. 판단보다 경험에 초점을 맞출 때의 큰 이점은 미적인 모든 것이 우리에게 갖는 개인적 중요성과 절실함을 깨닫게 해준다는 데 있다.

하지만 미적 판단은 어떨까? 그림을 보러 미술관에 간다. 그림 앞에 앉아 이십 분간 그림을 본다. 그리고 그림에 대한 미적 판단을 내리고 자리에서 일어난다. 이제 당신은 이 미적 판단을 친구들과, 혹은 그 그림과 관련된 블로그에서 공유할 수 있다. 그림에 대한 경험은 이십 분간 지속된다. 판단은 대개 이 과정 끝에 내려진다(물론 당신은 그 과정 중에 판단을 내릴 수도 있고, 이 판단을 나중에 수정할 수도 있다). 지금까지 '서양' 미학은 이 과정의 끝인 판단에 주로 관심을 기울이고, 이십 분간 지속하는 — 그동안 주목의 이동이나 시각적 비교 등이 함께 행해지는 — 경험의 시간적 펼쳐짐에는 무심했다.

우리가 무언가에 미적으로 참여한다고 해서 매번 미적 판단을 내리는 것은 아니다. 그것은 선택 사항이다. 그림 앞에서 이십 분을 보냈지만 내가 그 그림의 미적 장단점을 전혀 파악할 수 없다고 (그래서 판단을 보류한다고) 가정해보자. 이 때문에 그 예술 작품에 대한 나의 미적 참여가 덜 가치 있어지거나 덜 의미 있어지거나 (덜 즐거워지거나) 하지는 않는다. 오히려 그 때문에 당신은 더 즐거운 경험을 할 수도 있다.

미적 판단이 여타 판단들과 어떻게 다른지에 대해 많은 논의가 이루어졌다. 칸트의 견해를 대강 요약하면, 미적 판단은 경험의 종점에 불과한 것이 아니라 꾸준히 행해지면서 우리의 경험 자체에 영향을 미칠 수 있다. 하지만 꽤 경험 중심적인 듯한 이 설명에서도 가장 중요한 것은 판단이다. 올바른 판단을 내려야 올바른 경험도 할 수 있다고 본 것이다. 3장에서 살펴보았듯 주목은 우리의 경험을 완전히 변화시킬 수 있다.

하지만 미적 판단은 그럴 가능성이 몹시 낮다. 아무리 그림이 아름답다거나 우아하다고 믿더라도 그 그림에 대한 내 경험은 (더 좋게는커녕) 조금도 달라지지 않을 것이다. 이와 달리 이전에는 알아보지 못한 다양한 특성에 주목할 때 내 경험은 확연히 달라질 수 있다.

미학은 예술 작품에 대한 우리의 경험이 시간에 따라 펼쳐지는 방식에 (이 시간적 펼쳐짐이 미적 판단으로 끝나든 아니든 간에) 주로 관심을 기울여야 한다고 생각한다면 미적 판단으로 시작되는 이런 일반적 설명은 맥을 완전히 잘못 짚은 것이다. 우리는 미적인 모든 것이 미적 판단의 구성 요소라는 이유로 미적인 모든 것의 구성 요소를 우리가 안다는 가정을 받아들여서는 안 된다. 우리는 자신의 미적 참여나 미적 경험을, 미적 판단의 영역에서 어떤 개념 장치도 빌리지 않고 그 자체로 고찰해야 한다.

어린 시절의 미적 경험

미학의 중요성이 박식한 미적 판단과는 거의 무관함을 여실히 보여주는 증거가 있다. 강렬한 미적 경험을 했던 첫 순간을 기억하는가? 어린아이였을 때인가 십대였을 때인가? 음악이 당신을 사로잡았는가? 풍경이 당신의 숨을 멎게 했는가?

내 경험담 세 가지를 사례로 들 텐데 당신의 어린 시절 경험으로 얼마든지 바꿔 생각해도 좋다.

증거 A: 열여섯의 나는 구 테이트갤러리 — 그때는 테이트모던이 없었다 — 에서 클리포드 스틸의 그림 한 점을 보고 넋을 잃었다. 그리고 꼬박 두 시간을 그 앞에 우두커니 서 있었다. 하지만 당시에 나는 클리포드 스틸(1904~1980)에 대해 아는 것이 별로 없었다. 스틸이 추상 표현주의 화가라는 것은 알았지만 그것이 다였다. 나는 스틸의 그림에 완전히 꽂힌 나머지 런던탑과 국회의사당 견학이 예정되어 있던 다음날 땡땡이를 치고 핌리코로 돌아가 그 그림을 또 한번 보았다.

증거 B: 여기서 1년 전으로 돌아간다. 나는 미켈란젤로 안토니오니의 영화 〈확대〉(1966)에 푹 빠져서 그 영화를 보러 일주일에 두세 번씩 극장을 드나들었다. 대사를 통째로 줄줄 외울 정도였다. 나는 극장을 나설 때마다 사랑과 현상, 실재, 또 그 밖의 심오한 문제들에 대한 정말로 귀중한 깨달음을 얻고 황홀감에 휩싸였다.

증거 C: 여기서 또 일 년 전으로 돌아간다. 책 한 권이 내 마음을 뒤흔들어놓았다. 보리스 비앙의 『세월의 거품』(1947)이라는 소설이었다. 그런 감정을 느껴보기는 처음이었다. 우습기도 하고 슬프기도 했다.

내가 하고 싶은 말은 이렇다. 나는 지금 〈확대〉를 안토니오니의 영화 가운데 유일한 졸작으로 꼽는다. 『세월의 거품』은 열네 살의 내가 이해하기에는 벅찬 말들로 가득하며 비앙의 다른 몇몇 소설보다 훨씬 독창성이 떨어진다. 나는 여전히 클리포드 스틸이 대단하다고 생각하지만, 어쩌다 보니 내가 그의 그림과 사랑에 빠졌던 곳의 소장품 가운데도 대단한 작품은 많다.

바로 어제 테이트모던에 다녀왔다. 이 장을 쓰기 전에 현재 나의 반응을 확인하기 위해서였다. 글쎄 별로 큰 감흥은 없었다. 〈확대〉도 (극장에서는 안토니오니의 영화를 더는 상영하지 않는 것 같아 노트북으로) 다시 보았는데 도무지 집중하기 힘들어 이십 분쯤 보다가 꺼버렸다. 『세월의 거품』은 영역본으로 몇 쪽 넘겨 보다 덮었다(사실 번역이 거슬렸던 탓도 있다).

이 예술 작품들을 처음 접했을 때 나는 미술사나 영화사, 20세기 프랑스 문학사에 대해 아는 것이 거의 없었지만, 그 작품들에 대해 좀더 해박해진 지금보다 훨씬 강렬하고 가치 있는 미적 경험을 했다. 나는 내가 이 작품들의 미적 가치를 평가하기에는 14~16세였을 때보다 지금이 더 유리하다고 믿고 싶다. 현재의 나는 이전보다 나은 미적 판단을 내릴 수 있다. 하지만 그때만큼 열정적이지는 못하다.

이제라도 깨달았으니 나는 14~16세 벤체의 미적 판단을 나무라야 한다. 그렇지 않은가? 하지만 내가 그 예술품들에 그토록 강렬한 감정을 느끼지 못했다면 예술에 흥미를 갖지도 못했을 테고, 따라서 지금의 내가 십대 때의 벤체를 가르치려 들 수 있게 해준 그 모든 지식도 습득하지 못했을 것이다.

여기서 박식한 미적 판단이란 어떤 것일까? 〈확대〉를 안토니오니의 영화 가운데 유일한 졸작으로 평가했던 내 판단이 바로 그렇다. 미학은 이런 종류의 판단을 다루어야 한다(고들 한다). 그렇다면 내가 열다섯 살 때 〈확대〉에 품었던 애착은 미학이 다루는 문제가 아니다.

내가 든 사례들은 성숙한 미적 판단과 강렬한 미적 경험은 서로 불일치할 수 있고, 또 대개 그렇다는 사실을 보여주기 위한 것이었다. 이로부터 도출되는 한 가지 결론은 박식한 미적 판단에만 초점을 맞추면 미학에 대한 논의에서 정말로 중요한 점, 즉 미적 참여는 즐거우며 우리 각자에게 소중하다는 사실을 놓칠 수 있다는 것이다. 우리가 관심을 기울이는 것은 미적 참여다. 박식한 미적 판단에만 치중하면 미학에 대한 이 단순한 진실을 제대로 보지 못한다.

경험의 우선성

위의 사례들을 소개한 데는 훨씬 더 중요한 이유가 있다. 앞서 보았듯 더 박식한 미적 판단을 내린다고 해서 더 강렬하고 더 가치 있는 미적 경험을 한다는 것은 거짓이다. 여기서 얻을 수 있는 한 가지 결론은, 강렬하고 가치 있으며 우리 개인에게 소중한 미적 경험을 미학에 대한 논의에 포함해야 한다는 것이다(그리고 미적 판단에만 골몰하느라 그런 경험을 희생시켜서는 안 된다는 것이다). 그런데 어찌 보면 판단에 앞서는 것은 오히려 경험이다. 박식한 미적 판단은 하나같이 초기의 경험에 근거하는데, 이 경험은 가치 있고 우리 개인에게 소중하지만 전혀 박식하지 않다.

많은 그림이 걸린 전시실에 들어가 주위를 쓱 한번 둘러보라. 전시작 일부는 마음에 들고 나머지는 그저 그럴 것이다. 당신은 어느 그림을 누가 그렸는지 모르며, 따라서 아무런 미적 판단도 내릴 수 없다. 하지만 당신이 어느 그림에 다가갈지, 어느 그림을 살펴보는 데 더 많은 시간을 할애할지를 결정하는 것은 바로 이 초기의 호감이다. 우리가 모든 사항을 고려해 박식한 미적 판단을 내릴 수 있는 위치에 있는 것은 우리가 일찍이(어쩌면 방금, 혹은 수십 년 전에) 어떤 예술품에 호감을 느꼈기 때문이며, 이것이 바로 우리가 그 특정 예술품에 참여하고 있는 이유다.

한 걸음 물러나 생각해보자. 우리 앞에는 미적 참여의 두 가지 실례가 있다. 하나는 내가 십대 때 했던 (아주 긍정적이고 매우 가치 있으며 나 개인에게 무척 소중한) 경험이고, 또하나는 내가 지금 (그 작품은 다소 진부하고 그리 가치 있지도 않으며 나 개인에게 중요하지도 않다고) 언명하는 판단이다. 후자를 우리는 박식한 미적 판단이라고 부른다. 그것은 전자 없이는 행할 수 없다. 문제는 여기에 있다. 초기의 미적 참여에서 느낀 미적 즐거움은 무엇이 설명해주는가? 논의 범위를 미적 판단에 국한하면 이 물음에 어떻게 답해야 할지 알기 어렵다. 성숙한 미적 판단은 그 답이 될 수 없는데 초기의 미적 판단은 전혀 성숙하거나 박식하지 않았기 때문이다. 강렬하고 가치 있는 초기의 경험이 몹시 미숙하고 미적으로 부적절했을지도 모른다. 하지만 우리의 미적 선호는 미숙하고 미적으로 부적절한 반응에서 주로 비롯하는 듯하다. 지금의 내 미적 선호 대부분이 십대 때의 벤체가 했던 미적 경험의 산물인 것처럼.

이것은 가벼운 문제가 아니다. 그것을 더 절실한 문제로 만드는 한 가지 방법은 이렇게 질문하는 것이다. 박식한 미적 판단은 전혀 흥미롭지도 않은데 내가 왜 그런 판단에 관심을 기울여야 할까? 그런 판단은 내게 아무런 즐거움도 주지 않고 나 개인에게 전혀 중요하지도 않다. 예술에의 참여를 즐기는 데 미술사나 20세기 프랑스 문학사가 도움이 되지 않는다면 그런 지식을 더 쌓을 필요가 있을까?

이 난제를 벗어날 한 가지 방법이 있다. 미적 판단은 그리 재미있지 않다. 내가 십대 때 내렸던 순진한 판단이든 내가 지금 내리고 있는 박식한 판단이든 간에 말이다. 대개 판단을 내리는 일은 보람 있거나 신나거나 즐겁기가 어려운 반면, 경험은 무척 보람 있고 신나고 즐거울 수 있다. 마찬가지로 판단을 표명하는 것은 우리 개인이 의미 있게 여기는 일이 되기 어려운 반면, 경험은 우리 개인이 의미 있게 여기는 일이 될 수 있다. 그렇다면 미학은 판단이 아니라 경험을 다루어야 한다. 경험은 판단으로 이어질 수 있고 우리는 이 판단을 다른 사람들과 공유할 수 있다. 판단은 추가할 수 있는 꽤 괜찮은 선택 사항이지만 경험이 꼭 판단으로 이어져야 하는 것은 아니다.

우리가 예술 작품에 참여하는 데 돈과 시간을 아끼지 않는 것은 그에 대한 미적 판단을 내리고 싶어서가 아니다. 예술 작품에 참여하는 동안의 경험이 즐겁고 가치 있으며 우리 각자에게 의미 있는 일이 될 수 있어서다. 한마디로 판단이 아니라 경험 때문이다.

박식한 판단이든 아니든 간에 우리는 미적 판단 일반의 개념에서 벗어나려고 해야 한다. 예술품에 대한 미적 참여의 목적은 미적 판단을 제시하는 것과 거의 무관하므로 우리의 미적 이론은 이 사실을 유념해야 한다. 우리가 주의를 기울여야 하는 것은 미적 경험의 시간적 펼쳐짐이지 (선택 사항임이 명백한) 미적 판단의 표명이라는 종점이 아니다. 수전 손택의 말처럼 "예술 작품을 예술 작품으로서 마주한다고 함은 하나의 경험을 한다는 것이지, 어떤 문제에 대한 진술이나 답을 내놓는다는 것이 아니다".

왜 판단에 집착하게 되었을까?

미적 이론의 중심을 미적 판단에서 미적 참여의 시간적 펼쳐짐으로 옮기려면 미학자들이 왜 미적 판단에 매달리는지부터 이해해야 한다.

한 가지 이유는 확실히 역사적이다. '서양' 미학의 핵심 개념은 늘 미적 판단이었는데 적어도 데이비드 흄이 이백오십년도 더 전에 「취미의 기준에 대하여」(1757)를 발표한 이후로는 그랬다.

흄(1711~1776)이 영미의 철학적 미학에 미친 영향은 아무리 강조해도 지나치지 않다. 흄은 (『돈키호테』에 나오는) 다음 예화를 들어 서로 다른 사람이 취미를 판단하는 방식의 차이를 명쾌하게 논한다. 두 사람이 같은 포도주를 나눠 마신 뒤 그 품질을 평가해달라는 요청을 받는다. 한 사람은 포도주에서 미묘한 가죽 맛이 난다고 말한다. 또 한 사람은 포도주에서 비릿한 쇠 맛이 난다고 말한다. 아마도 두 사람의 판단 가운데 어쨌든 하나는 명백히 거짓일 것이다. 그런데 나중에 포도주 통을 검사해보니 그 속에서 가죽끈이 달린 작은 열쇠가 하나 나온다. 흄이 들려준 이야기의 핵심은 바로 이 대목에 있다. 그들은 둘 다 옳았다.

이 이야기는 5장에서 다시 꺼낼 것이다. 우리가 지금 주목해야 할 문제는 흄이 여기서 지각적 식별의 중요성을 뚜렷이 강조하고 있기는 하지만 그의 주된 관심사는 두 포도주 감식가의 미적 판단이라는 것이다. 포도주에 대한 경험이 시간에 따라 어떻게 펼쳐졌는지는 그들에게 중요하지 않다(그 경험이 시간에 따라 펼쳐지는 방식에 대해 할 말은 많았겠지만). 중요한 것은 그들 각자가 내린 미적 판단(과 이 두 판단이 서로 어떤 관련이 있느냐)이다.

5장에서 보게 되겠지만 흄이 판단에 초점을 맞춘 데는 중요한 철학적 이유가 있었다. 어쨌든 흄이 미학 분야에 미친 영향력은 미적 판단을 이해하는 것이 미학의 중심 문제라는 그의 가정이 아무런 의심 없이 받아들여졌음을 뜻한다.

미학에서 판단이 우위를 점하게 된 또하나의 중요한 역사적 이유는 언어 철학이 철학 일반과 특히 미학에 미친 지대한 영향과 관계있다. 미적 판단은 언어 철학에 많은 논의거리를 제공하는 (우리가 자기 자신이나 타자에게 하는) 진술이다. 따라서 미적 판단은 언어 철학에 숙달한 미학자들에게 친숙한 주제다. 이와 달리 경험은 언어 철학의 개념 도구를 사용해 분석하기 그리 쉽지 않다.

더 넓은 세계로

우리가 생각하는 미학의 범위를 '서양'만의 미학에서 범세계의 미학으로 확장할 때 이 판단 중심적 관점이 유별난 것이었음을 지적하지 않을 수 없다. '서양' 밖 미학 전통 대다수는 미적 판단에 별로 관심을 기울이지 않는다. 그보다는 감정이 펼쳐지는 방식이나 지각이 변하는 방식, 미적 참여와 사회적 참여가 상호 작용하는 방식에 관심을 기울인다.

이 점을 극명히 보여주는 사례로 이슬람 미학(특히 수피Sufi 전통의 이슬람 미학)을 들 수 있다. 이슬람 미학이 '서양' 미학과 다른 한 가지는 세계 일반의 본성, 특히 예술품에 대한 우리 경험의 변화무쌍한 본성을 강조한다는 것이다. 그리고 예술에의 참여와 관련된 독특한 점 하나는 이 변화무쌍하고 가물거리는 경험을 우리가 감상한다는 데 있다(우리가 건축물의 일정한 특성들을 이리저리 살펴보는 동안 그 특성들이 의도적으로 다른 모습들을 보여주는 경우가 그런 경험의 한 예가 될 텐데, 이런 변모는 대개 그 특성들이 수면에 비쳐 어른거릴 때 더 두드러진다). 이슬람 미학 전통은 아름다움에 아주 많은 관심을 기울이지만, 그 관심은 아름다움을 판단하는 일에 대한 것이라기보다는 아름다움을 우리 지각계의 작동과 관련지어 설명하는 방법에 대한 것이다. 그리고 이 전통은 우리 경험의 변화무쌍하고 가물거리는 본성을 강조함으로써 고정된 판단을 내리려는 어떤 시도도 허락하지 않는다.

또 앞서 보았듯 라사 이론은 다중 양상의 감정 경험에 대한 음미를 다루지 판단에 대해서는 좀처럼 언급하지 않는다. 우리가 미적 판단이라고 부르는 것을 라사 이론에서 언급하는 드문 경우는, 우리가 자신의 감정 경험을 음미하는 데 확고부동한 판단이 실로 얼마나 방해가 되는지를 보여주기 위한 것이다. 마지막으로, 다소 덜 알려진 예를 하나 보자. 아시리아·바빌로니아 미학에서 타브리투(Tabritu)라는 핵심 개념은 보통 감탄이나 경외로 번역되지만, 작품에 대한 '반복적이고 지속적인 응시'를 수반하는 지각 경험인 것으로 명백히 드러나는데 이 또한 판단이 아니라 펼쳐지는 경험이다. 우리 '서양의' 전통에서 미적 판단이 너무나도 중대한 역할을 했다는 사실은 역사적 호기심거리에 지나지 않는다.

미적 판단이라는 개념이 '서양' 미학을 지배했던 덜 역사적인, 그러나 더 본질적인 이유는 미적 판단이 전달 가능하다는 데 있다. 미적 의견이 충돌할 때 우리의 미적 판단은 서로 엇갈린다. 가령 나는 그 영화가 형편없다고 말하고, 당신은 대단하다고 말한다. 따라서 작품에 대한 참여의 상호주관적이고 사회적인 측면을 이해하기 위해서는 미적 판단에 초점을 맞추어 논의를 진행해야 할 것이다. 5장의 주제는 미학의 바로 이런 대인 관계의 측면이다.

제 5 장

미학과 타자

미학은 단독 시도와는 거리가 멀다. 우리는 밥도 함께 먹고 친구와 박물관도 함께 가며 집에 들일 가구도 함께 고른다. 그리고 연주회나 영화관에 가서는 한 공간에서 여러 사람과 함께 서로 매우 비슷한 경험을 한다. 우리는 사회적 존재며 사회적 측면을 완전히 결여한 미적 상황은 거의 없다.

또 미학은 두 친구가 같은 노래를 듣고 비슷한 경험을 한다면 그들을 이어주는 중요한 연결고리가 될 수 있다. 하지만 같은 영화를 보면서도 당신은 신나는 경험을 하는데 친구가 언짢은 경험을 한다면 서로를 갈라놓는 벽이 될 수도 있다.

미적 의견 일치와 미적 의견 충돌

안타깝게도 '서양' 미학사에서 이루어진 미학의 사회적 측면에 대한 논의는 미적 의견 일치와 미적 의견 충돌이라는 한 가지 사안에만 치중했다.

조니 로튼과 볼프강 아마데우스 모차르트 가운데 누가 더 뛰어난 작곡가인가? 언뜻 생각하기에는 모차르트가 더 뛰어난 작곡가며 모든 사람이 그리 알고 있다. 이 질문에 대해서는 미적 의견이 완전히 일치한다. 혹여 그렇지 않다면 그리되어야 한다. 조니 로튼의 손을 들어준 사람들은 아직 뭘 모른다. 그들은 모차르트를 더 들어봐야 하고 그러면 자신의 잘못을 뉘우칠 것이다.

조니 로튼과 모차르트를 비교하는 것은 어찌 보면 어리석다. 한 사람이 조니 로튼의 편을 들고 또 한 사람이 모차르트를 옹호하며 밤늦도록 (심각하게) 논쟁을 벌이는 경우는 거의 없을 것이다. 하지만 우리는 미적 문제로 심심치 않게 갑론을박하며 실제로 이것은 우리에게 대단히 중요한 논쟁거리다. 바흐가 좋은가, 헨델이 좋은가? 프리다 칼로가 좋은가, 디에고 리베라가 좋은가? 너무 고상 떠는 질문 같다면, 비틀스가 좋은가, 롤링 스톤스가 좋은가? 〈사인필드〉가 재미있는가, 〈못 말리는 패밀리〉가 재미있는가? 〈분노의 질주〉는 몇 탄이 제일 볼만한가? 물론 예술과 무관한 미적 논쟁도 있을 수 있다.

한 솔로와 루크 스카이워커 가운데 누가 더 매력적인가? 파리가 더 예쁜가, 바르셀로나가 더 예쁜가? 원두는 다크 로스팅으로 볶는 것이 나은가, 라이트 로스팅으로 볶는 것이 나은가? 스테이크는 미디움으로 익혀야 맛있는가, 레어로 익혀야 맛있는가? 등등.

이런 종류의 의견 충돌을 해결하는 데 주어진 선택 사항은 딱 두 가지다. 첫째는 서로가 의견 충돌을 인정하는 것이다. 당신은 이것을 좋아하고 나는 저것을 좋아한다. 누구도 옳지 않다, 아니 우리 둘 다 옳다. 둘째는 우리 가운데 한 명은 명백히 그르다고 보는 것이다. 이 두 가지 선택 사항의 적합성은 어느 사례를 고르느냐에 따라 결정될 것이다. 조니 로튼이 더 뛰어난지 모차르트가 더 뛰어난지를 묻는 것은 둘째 선택 사항을 강권하는 졸렬한 질문이다. 한편 프리다 칼로가 좋은지 디에고 리베라가 좋은지를 묻는 것은 첫째 선택 사항에 상응하는 질문으로 볼 수 있다.

미적 의견 충돌을 비교적 답이 뻔한 문제에 대한 의견 충돌과 비교해보자. 같은 그림을 보면서 나는 그 그림이 네모나다고 말하고 당신은 세모나다고 말한다면 (적어도) 둘 중 하나는 반드시 그르다. 하지만 같은 그림을 보면서 우리가 그 그림의 미적 성질에 대해 의견 충돌을 빚는다면 상황이 좀 복잡해진다.

미적 의견 충돌을 명백히 '주관적인' 의견 충돌과도 비교해 볼 수 있다. 같은 그림을 보면서 나는 그 그림이 내 할머니를 상기시킨다고 말하고, 당신은 당신의 할머니를 상기시키지 않는다고 말한다고 치자. 그래도 이 두 의견은 양립할 수 있다(설령 우리가 같은 할머니를 두었더라도). 나도 맞고 당신도 맞다.

문제는 미적 의견 충돌이 '네모나냐 세모나냐'의 의견 충돌에 더 가까운가, 아니면 '각자의 할머니를 상기시키느냐 아니냐'의 의견 충돌에 더 가까운가다. 그런 까닭에 '서양' 미학의 주요 문헌들 일부는 순전히 '주관적인'(할머니와 관련된 사례의) 의견 충돌과 순전히 '객관적인'(모양과 관련된 사례의) 의견 충돌을 중재하는 위치에 서려고 시도했다.

흄이 들려준 가죽끈 달린 열쇠 이야기를 기억하는가? 흄이 그런 예화를 든 이유는 미적 의견 일치와 미적 의견 충돌의 문제를 고찰하기 위해서였다. 두 포도주 감식가의 의견이 서로 엇갈린다. 한 사람은 쇠 맛이 난다고 말하고 또 한 사람은 가죽 맛이 난다고 말한다. 하지만 결국 두 사람 다 옳았다. 이것은 취미 판단이 오롯이 '주관적인' 것이어서가 아니라 가죽끈 달린 열쇠가 취미 판단의 '객관적인' 근거가 되어주었기 때문이다. 그런데 만일 제삼의 감식가가 끼어들어 그 포도주에서 유황 맛이 난다고 말했다면 그는 명백히 오류를 저지르고 만 꼴이 되었을 것이다. 취미 판단은 한 그림이 각자의 할머니를 상기시키느냐 아니냐에 대한 판단보다는 엄격하지만 한 그림이 네모나냐 세모나냐에 대한 판단보다는 관대하다.

미학은 규제하기 위한 것이 아니다

이렇듯 미적 의견 충돌 논쟁이 일어날 때면 장음절의 의심쩍은 용어가 하나 등장하는데 바로 규범성(normativity)이다. 규범을 내세우는 것은 미적 평가가 어떤 규제력이 있다는 생각에서 비롯한다. 우리는 일정한 대상을 감상할 때 일정한 판단을 내려야 한다. 그런 판단을 내리지 않는 것은 잘못이다. 해야 할 일을 하지 않았기 때문이다.

요컨대 미학의 영역은 도덕의 영역과 유사하다. 미학과 도덕은 우리가 해야 할 일과 관계있지 우리가 실제로 하는 일과는 무관하다. 윤리학은 우리가 거짓말이나 도둑질을 해도 되는지 아닌지, 채식주의자가 되는 것이 바람직한지 어떤지를 알려준다. 그리고 미학은 우리가 어떤 미적 경험을 해야 하고 언제 해야 하는지를 알려준다.

규범성은 우리가 해야 하는 일과 관계있다. 우리의 미적 삶도 어떤 점에서는 매우 규범적인 측면이 많다. 나는 지금까지 미학이 어째서 '서양'에 특권을 주어서는 안 되는지 꽤 규범적인 주장을 했고 앞으로도 그럴 것이다. 어느 정도 규범적인 주장을 하지 않고서는, 가령 한 악곡의 연주가 일정한 악곡을(정해진 음대로) 연주하는 것으로 받아들여지려면 연주자가 어떻게 해야 하는지 어느 정도 규범적인 주장을 하지 않고서는 확립된 미적 관행을 이야기하기 곤란할 것이다. '해야' 한다는 표현은 우리가 미적 영역을 논하는 대목 곳곳에서 불쑥불쑥 등장한다(물론 이 책에서도 마찬가지다).

하지만 미학은 규범적 학문이 아니며 이 점은 더 말할 필요도 없다. 윤리학의 하위 분야 일부는 실제로 규범적 주장을 다루는 듯하다('규범 윤리학'이라고 불리는 윤리학의 한 갈래가 그 좋은 예가 될 것이다). 하지만 미학은 다르다. 본래 미학은 우리가 무엇을 해야 하는가를 다루지 않는다. 우리가 실제로 어떤 상황에서 무엇을 하는가를 다룬다.

당신은 윤리학책이 당신에게 채식주의자가 되어야 하는지 아니면 육식을 계속해도 괜찮은지 확답을 주리라고 기대할 수 있다. 하지만 미학책이 그런 종류의(어느 예술 작품은 상찬해야 하고 어느 예술 작품은 무시해도 되는지) 조언을 해주리라고 기대해서는 안 된다. 미학은 당신이 무엇을 해야 하는지, 즉 당신이 어느 예술 작품에 감탄해야 하고 어느 예술 작품은 경시해도 되는지 말해주지 않는다. 미학을 이처럼 대하는 사고방식은 여러 예술가 사이에, 즉 미학은 그들이 무엇은 해도 되고 무엇은 하면 안 되는지, 특히 어떤 종류의 반응이 그들의 작품에 적합한지를 알려주는 것이라고 여기고 탐탁지 않아 하는 예술가들 사이에 만연한, 학문으로서의 미학에 대한 강한 불신을 불식하는 데 큰 도움이 될 것이다.

어떤 윤리학 분야는 당신의 행동을 도덕적 문제로 접근해 규제하는 것과 관계있을 것이다. 하지만 미학은 당신의 미적 반응을 규제하는 것과 무관하다. 당신의 미적 반응은 그 자체로 온전하므로 누구도 그 반응을 규제하게 두어서는 안 된다. 따라서 우리는 미학을 논할 때 등장하는 규범성과 같은 모든 말을 잘 의심해보아야 한다.

물론 미적 의견 충돌 논쟁에서 등장하는 '규범성'과 같은 말에 대해서도 의심이 필요하다. 여기서 규범을 내세우는 것은 미적 판단이나 미적 평가가 '규제력'이 있다는 생각에 연유한다. 이것은 많은 것을 뜻할 수 있다. 당신의 미적 반응이 옳거나 그를 수 있다는 말일 수 있다. 좋아하지 말아야 할 작품을 좋아하는 것은 잘못이다. 그리고 걸작을 싫어하는 것도 잘못이다. 당신은 일정한 작품 앞에서 일정한 감정 반응 혹은 미적 반응을 보여야 한다. 그렇지 않으면 당신의 미적 반응은 옳지 않다. 그릇된 반응인 것이다.

미학을 이렇게 대하는 사고방식이 함축한 독단성이 거북할지도 모르겠다. 중요한 것은 이런 발상이 매우 특정한 (그리고 매우 '서양' 중심적인) 미학관에 깊이 뿌리박고 있다는 사실이다. 미적 판단과 관련해 규범적 주장을 하는 것이 어떻게 가능한지는 알기 쉽다. 판단은 옳거나 그를 수 있으며 대개는 그르다. 하지만 우리가 판단이 아니라 경험에 관심을 기울인다면 어떻게 규범적 주장을 정식화하기까지 할 수 있을까? 다음은 바로 그런 시도의 하나다. 경험은 옳거나 그를 수 없지만 정확하거나 부정확할 수는 있다. 가령 지각의 착오는 부정확하다. 너무 어두워서 대상의 색을 오인할 수 있는 것과 꼭 마찬가지로 당신은 착오의 미적 경험을 할 수 있다.

하지만 결정적으로 이런 식의 추론은 내가 미학에 대한 미용실 접근법이라고 부르는 것—어떤 경험이 미적이게 되는 것은 그 경험이 아름다운 것에 대한 경험이기 때문이며 아름다운 것과 아름답지 않은 것 사이에는 뚜렷한 경계가 있다는 생각—을 지지하는 경우에만 유효하다. 그 논리에 따르면 우리는 부정확한 미적 경험을 할 때 아름다운 것을 아름답지 않게 (혹은 아름답지 않은 것을 아름답게) 경험한다.

앞서 보았듯 미학에 대한 미용실 접근법은 결코 매력적인 견해가 못 된다. 어떤 경험이 미적이게 되는 것은 그 경험이 아름다운 것에 대한 경험이어서가 아니다. 그 경험이 미적이게 되는 것은 당신이 주목하는 방식 때문이다. 주목 방식에는 정확하고 말고가 없다. 경험은 정확하거나 부정확할 수 있지만 그 경험을 미적으로 만들어주는 것은 정확성과 하등 관계없다. 그것은 전적으로 주목 방식과 관계있다.

미적 의견 충돌 논쟁으로 되돌아가보자. 여기서 문제는 미적 의견 충돌이 그림의 모양(이 네모나냐 세모나냐)에 대한 의견 충돌에 더 가까운가, 아니면 그림이 각자에게 자신의 할머니를 상기시키느냐 아니냐에 대한 의견 충돌에 더 가까운가다. 하지만 문제를 이렇게 정식화하는 것도 미학에 대한 미용실 접근법을 당연시하는 것이다.

미적 참여의 관건이 지각 대상에서 기인하는 특성과 별로 관계없다면 그림이 네모나냐 세모나냐 혹은 그림이 각자의 할머니를 상기시키느냐 아니냐와 같은, 여타 속성에 대한 의견 충돌과의 비교는 무의미하다.

당신과 나는 같은 예술품이나 풍경을 보더라도 서로 아주 다른 경험을 할 것이다. 그런데 이 차이를 의견 충돌로 규정하는 것은 (미적 경험보다) 미적 판단을 은근슬쩍 우위에 두는 것이거나 우리에게 미용실 접근법만 강요하는 것과 같다.

당신과 내가 같은 예술품이나 풍경 앞에서 각자 다른 경험을 할 때 발생하는 차이는 중요하다. 그림의 모양에 대한 의견 충돌이나 그림이 누군가에게 그들의 할머니를 상기시키는지 어떤지에 대한 의견 충돌보다 훨씬 중요하다. 미적 참여의 사회적 측면을 미적 의견 충돌의 문제로 지나치게 단순화하면 미학이 우리의 일상생활에, 일상의 사회적 상호 작용에 얼마나 중요한지를 제대로 깨닫기 힘들다.

한 사례로 내 경험담을 소개할 텐데 지금 생각하면 좀 부끄럽다. 미학의 사회적 측면은 어린 시절에 특히 중요해 보이는데, 가령 그때는 같은 음악을 좋아하는 사람들과는 잘 어울리면서도 다른 음악을 좋아하는 사람들은 깔보는 경향이 있다. 나는 고등학교 때(4장에서 보았듯 지적 허영에 들떠 있던 시절) 이른바 어학연수차 독일에 가서 여름을 보냈다. 나는 독일인 여자애 하나를 만나 서로 호감을 느꼈고 이곳저곳 나들이를 다니면서 관계가 더 친밀해질 즈음 그 애 집에 초대받았다. 거기서 본 것 가운데 에로스 라마초티의 커다란 포스터가 제일 먼저 떠오르는데 그 애는 이 특정한 이탈리아 대중 가수의 팬이었다.

바로 여기서 뚜렷한 미적 의견 충돌이 발생했다—그냥 내가 에로스 라마초티의 팬이 아니었다고 해두자. 나는 내색하지 않았다. 하지만 그 애가 낭만적 분위기를 내려고 조명을 낮추고 에로스 라마초티의 시디를 트는 순간 더는 견디기 힘들었다. 미적 문제에 대한 의견 차이까지는 좋다. 하지만 에로스 라마초티의 음색에 대한 낭만적 경험을 원치 않게 공유해야 하는 상황이라면 이야기가 달라진다.

미적 의견 충돌이 중요한 문제라는 것은 의심의 여지가 없다. 하지만 미적 경험을 공유하느냐 못하느냐는 훨씬 더 중요한 문제다. 미적 경험을 하는 데는 옳고 그른 방법이 없다.

미학에서는 뭐든 허용된다는 말이 아니다. 어떤 예술품이 매우 특정한 반응을 불러일으키기 위해 제작된 것이 명백한데 우리가 정반대 반응을 보인다면 무언가 잘못된 것이다. 박물관에 가서 좋아하는 그림 앞에 앉았다고 가정해보자. 그런데 당신은 그 그림 앞에서 자신이 경험할 수 있는, 또 한편으로는 경험해야 한다고 알고 있는 경험을 하지 못한다. 이때 당신은 어떤 의미에서 중대한 실패를 했지만 그것은 규제되어야 할 종류의 실패가 아니다.

앞서 보았듯 우리는 누군가가 일정한 특성에 주목하게 함으로써 그의 미적 경험을 변화시킬 수 있다. 경험의 차이를 다루기에는 일탈적 경험을 엄격히 단속하는 것보다 이 방법이 훨씬 더 낫다. 규제가 없다고 해서 난장판이 되는 것은 아니다. 잘만 하면 대화와 평화로운 공존, 다양성으로 나아갈 수 있다.

규범성과 그 폐단에 대해 다시 생각해보자. 비교적 겸허한, 그러나 결코 해가 없지 않은 규범성에의 호소는 미적 평가의 보편적 호소와 관계있다. 이것은 일정한 예술품이 당신에게 일정한 반응을 보일 것을 단순히 요구하는 것이 아니다. 그보다는 당신이 어떤 미적 반응을 보일 때 다른 사람들도 모두 당신과 같은 반응을 보이리라고, 혹은 어쨌든 그래야 한다고 암

암리에 가정하는 것이다. 이것은 이마누엘 칸트의 견해로, '서양' 미학에 오래도록 영향을 미쳤다.

칸트 철학의 지적 성취에 경외심을 갖고 공손히 말하려고 애쓰고는 있지만 이것은 미학의 역사상 가장 오만한 발상이다. 당신이 다른 사람들도 모두 나처럼 반응해야 한다고 은연중에 가정하는 것은 인류의 다양성과 그들이 나고 자란 문화 배경의 다양성을 심각하게 폄하하는 것이다. 따라서 우리는 자신이 하는 일이 무엇이든 간에 그 일이 보편적 호소력 혹은 보편적 전달 가능성이 있다고 믿고(가정하거나 느끼고) 싶은 유혹이 들라치면, 멈춰 서서 내가 '미적 겸손'이라고 부르는 태도를 취하는 것이 좋다. 그러니까, 이 지구상에 존재하는 엄청나게 다양한 문화와 비교하면 우리 자신의 입장과 문화 배경이 얼마나 우연한 것인지를 떠올려보라는 말이다. 이 주제는 7장에서 다시 다루겠다.

현실에서의 미적 의견 충돌

미적 의견 일치와 미적 의견 충돌의 진짜 문제는 누가 옳고 누가 그르냐에 대한 것이 아니다. 과거의 노출을 비롯해 주목의 배분과 배경 신념, 지식이 우리의 경험을 좌우하는 방식에 대한 것이다. 이것들이 우리의 경험을 어떻게 변화시킬 수 있는지를 알면 미적 의견 충돌을 해결하는 데 많은 도움이 될 것이다.

나는 한때 영화평론가로 일했다. 이 일의 큰 장점 하나는 심사위원 자격으로 여러 영화제에 참가할 수 있다는 것이다. 영화제 심사위원이 되면 고급 호텔에 머물며 유명 배우들을 만나는 등 근사한 경험을 한다. 하지만 종종 진이 빠지고 자주 울화가 치미는 경험을 하기도 한다.

당신은 다른 네 사람과 함께 심사위원이 되는데 그들은 세계 각지에서 온 경우가 많으며 영화 취향도 당신과 무척 다르다. 하지만 당신은 어느 영화에 상을 주어야 할지 결정해야 한다. 그리고 늘 그렇듯 마감 기한을 엄수해야 한다. 자정까지는 작품 하나를 선정해 영화제 조직위원회에 알려야 한다. 마감이 한 시간도 채 남지 않았는데 수상작에 대한 합의는 전혀 이루어지지 않는다. 이것이 바로 미적 의견 충돌의 현실이며 이런 의견 충돌은 흄이 해결해줄 수 있는 일이 결코 아니다. 몇 차례 심사위원직을 맡아보고 나니 미적 의견 충돌에 대한 진부한 논쟁이 새삼 달라 보이기 시작했다.

이런 심사 과정은 경험을 공유하는 것이 아니라 딱딱한 미적 판단을 내리는 것에 가깝다. 우리는 어느 한 영화가 다른 영화들보다 뛰어나다는 데 합의해야 했다. 하지만 합의가 실제로 이루어지는 방식은 대개 정반대였다. 먼저 우리는 어떤 영화들이 절대 수상감이 아니라는 데 합의해야 했다. 그리 어려운 일은 아니었다. 하지만 후보작을 네다섯 편으로 추리고 나서부터는 저마다 날을 세우기 시작했다.

당신이라면 다른 평론가가 좋아하는 영화가 실은 그렇고 그런 아류작임을 어떻게 그에게 합리적으로 납득시키겠는가? 유감이지만 당신은 그러려고 하지도 않을 테고 그럴 수도 없다. 심사 과정에서의 논쟁은 전혀 합리적이지 않았다. 그리고 안타깝게도 본상은 평론가 누구도 열광하지 않는, 그러나 수상작으로 선정하는 데는 아무도 이의를 제기하지 않는 영화에 돌아갈 때가 많았다.

설득 과정은 합리적이지 않았으며 합리적으로 설득하려는 평론가도 거의 본 적이 없다. (경험이 좀 있는 평론가들은 심사위원단 토론 전에, 주로 시사회가 열리는 동안 모종의 심리전을 펼치며 계획적으로 어떤 영화들을 야금야금 잘도 깎아내렸고, 때로는 무의식적으로 어떤 영화들에 맞설 만반의 태세를 갖추기도 했다. 이 심리전도 합리적이지는 않았으며 다분히 감정적인 수준에만 머물렀다. 어쨌든 이로부터는 미학 일반에 대해 배울 만한 것이 별로 없어 보인다. 평론가들의 음흉함 말고는……)

심사 과정에서 평론가들이 했던 거의 유일한 일은 다른 평론가들이 어떤 영화의 일정한 특성에 주목하게 하는 것이었다. 이것은 그림이나 소설을 심사하는 경우와 비교하면 그리

쉬운 일이 아닌데 영화는 시간예술이기 때문이다. 영화를 본지 며칠이 지났고, 우리가 주목할 수 있었던 것은 영화 자체라기보다는 그 영화에 대한 자신의 기억이었다.

그럼에도 실제로 거의 모든 논쟁은 지금까지 주목받지 못한 어떤 특성에 다른 평론가들이 주목하게 하는 방식으로 이루어졌다. 그런 특성에 주목하게 하는 것은 그 목적이 해당 영화를 탈락시키는 데 있다면 부정적 미적 변화를 낳을 수 있다. 하지만 그 목적이 해당 영화가 왜 같은 장르의 나머지 영화보다 탁월한지를 주장하는 데 있다면 긍정적 미적 변화를 낳을 수 있다.

심사를 볼 때든 평론을 쓸 때든 간에 평론가가 해야 할 일은 사실 이것이다. 훌륭한 평론가는 실제로 그렇게 한다. 미국의 상징적인 영화평론가 폴린 케일(1919~2001)이 그랬듯, 평론을 예술로 착각하지 말 것. 줄거리를 요약하지 말 것. 줄거리와 딱히 관련도 없는 자기 어린 시절 추억담을 늘어놓지 말 것. 자신이 무엇을 좋아하고 무엇을 싫어하는지 주절대지 말 것. 평론가의 역할은 관객이 무심히 지나쳐버렸을 수도 있는 특성들을 그들이 다시 주목할 수 있도록 안내하는 것이다. 그런 특성들에 대한 주목은 우리의 경험을 완전히 변화시킬 수 있다.

그 특성들 일부는 구조와 관계있을 것이다. 가령 어느 소설의 12쪽 주제가 어떻게 134쪽에서 반복된 다음 432쪽과 563쪽에서 다시 반복되는지, 그리고 이런 반복이 비구조적이었을 수도 있었던 서사에 어떻게 구조를 부여하는지와 관계있을 것이다. 한편 또 어떤 특성들은 다른 예술 작품들과의 관계와 관계있을 것이다. 가령 한 음악 작품이 다른 음악 작품의 선율을 어떻게 인용하는지와 관계있을 것이다. 이런 특성들에 대한 주목은 우리의 경험을 더 가치 있게 만들어줄 수 있다. 따라서 평론가의 말에 귀 기울이는 것을 정말로 그럴 만한 가치가 있는 일로 만들어줄 수 있다.

실례로, 성모 영보(聖母領報)를 묘사한 15세기 이탈리아의 작은 그림 한 점을 보자(그림 4). 화가(도메니코 베네치아노, 약 1410~1461)는 대칭축을 꽤 재미있게 활용했다. 건물을 대칭의 중심에서 벗어나게, 즉 그림 중앙에서 좌측으로 밀어 배치한 것이다. 그리고 '행위'도 중심에서 벗어나게 배치했는데 이번에는 좌측이 아니라 우측으로. 모든 사람이 이 세 대칭축(건물의 중심축, 그림 자체의 중심축, 성모와 대천사 사이의 중심축)의 상호 작용에 즉각 주목하는 것은 아니다. 하지만 이 점을 인지하고 거기에 주목하면 엄청난 미적 변화가 일어날 수 있다.

양으로만 따지자면 그야말로 무수한 블로그와 웹사이트가 범람하는 오늘날만큼 많은 평론이 존재했던 적이 없다. 하지만 이것은 평론이 위기에 처했다는 사실을 더욱더 부각할

4. 도메니코 베네치아노, 〈성모 영보〉, 15세기, 케임브리지 피츠윌리엄박물관

뿐이다. 영국의 문학평론가 테리 이글턴이 (블로그가 등장하기 한참 전인) 삼십 년도 전에 설파했듯 "오늘날 평론은 실질적인 사회적 기능을 모조리 상실했다. 평론은 문학 산업 홍보 활동의 일환이거나 전적으로 학계 내부의 문제다". 그후로 변한 것 하나는 다른 일은 거의 하지 않고 영화와 음악, 텔레비전 방송에 대해 (주로 청중이 직접 지켜보는 앞에서) 의견을 말하는 유명 평론가의 등장이다. 하지만 평론의 사회적 기능은 평론가들이 자신이 돈을 받고 하는 일, 즉 독자들이 미적 변화를 일으킬 수 있는 특성들에 주목할 수 있도록 안내하는 일을 제대로만 한다면 회복될 수 있다.

프랑스 소설가 앙드레 말로(1910~1976)에 따르면, 예술 평론의 주된 목적은 독자가 예술을 이해할 수 있도록 돕는 것이 아니라 예술을 사랑할 수 있도록 설득하는 것이다. 예술에 대해 거들먹거리기는 물론 아주 쉬운 일이지만, 평론가는 자신이 그 작품을 사랑하도록 스스로를 설득했던 방식으로 독자들이 그 작품에 주목하도록 이끌 때만 자기 역할을 다하는 것이다.

현실에서의 미적 의견 일치

영화제 심사위원으로 일하면서 내가 배운 또하나의 중요

한 교훈은 뜻밖에도 미적 의견 충돌이 아니라 미적 의견 일치에 대한 것이었다. 나는 몇몇 평론가가 나와는 전혀 다른 대륙의 출신인 데다 보통은 나보다 쉰 살이나 많은 연장자였는데도 그들과 죽이 잘 맞는다는 사실을 깨달았다. 그리고 궁금해졌다. 미국에 사는 이십대 헝가리인과 가령 홍콩에 사는 칠십대 아르헨티나인의 미적 평가가 그렇듯 합치하는 이유가 무엇인지.

시간이 지나면서 나는 이 평론가들과 내가 서로 매우 비슷한 영화들을 보면서 자랐다는 사실을 알게 되었다. 우리는 영화제 상영작 가운데서도 같은 영화들을 좋아했는데 각자가 십대 때 보았던 영화들로 인해 그 영화들을 좋아할 준비가 되어 있었기 때문이다. 당시에는 심증뿐이었지만, 이것은 결국 심리학 연구들을 통해 명백히 입증되었다.

앞서 보았듯 단순 노출 효과는 한 자극에의 반복된 과거 노출이 그 자극에 대한 긍정적 평가의 가능성을 높이는 잘 알려진 현상으로, 그 효과는 미적 영역에서도 나타난다. 그런데 두 종류의 단순 노출 연구 결과 사이에는 한 가지 중요한 차이점이 있다. 4장에서 언급한 (코넬대학교 모 교수가 무작위로 고른 듯한 인상주의 그림들을 강의 슬라이드 사이에 끼워 학생들에게 보여주는) 실험은 하나의 특정 그림에의 노출이 어떻게 당신이 그 그림을 더 좋아하게 만드는지에 대한 것이다. 한편 또다른 단순 노출 연구 실험은 일정 종류의 입력 정보가 어떻게 당신이 그런 종류의 입력 정보를 더 좋아하게 만드는지에 대한 것이다. 당신이 인상주의 그림들을 많이 보면 이전에 한 번도 본 적이 없는 또다른 인상주의 그림들을 좋아하게 될 가능성이 더 커진다. 그리고 이것은 이전에 본 적이 있는 종류의 예술품이 앞으로 당신이 어떤 종류의 예술품을 좋아하게 될지에 깊이 영향을 미친다는 것을 뜻한다.

인격 형성기에 1960년대 프랑스·이탈리아 형식주의 흑백영화를 보았다면 당신은 그와 대체로 유사한 형식(구성이나 서사)의 영화를 좋아할 것이다. 당신이 부다페스트에서 자랐든 부에노스아이레스에서 자랐든 상관없이.

단순 노출 효과는 음악에서 훨씬 더 두드러지는 듯하다. 인격 형성기에 들었던 (특히 유아기와 청소년기에 노출되었던) 종류의 음악은 당신이 성인이 되었을 때 어떤 음악에 끌리게 될지에 엄청난 영향을 미칠 것이다. 음악 취향은 변한다. 그것도 자주, 크게 변한다. 당신이 예전에 좋아했던 것들이 새로운 것들로 완전히 뒤덮인다는 말이 아니다. 그것들은 당신이 앞으로 어떤 음악을 좋아하게 될지에 늘 영향을 미칠 것이다.

4장에서는 우리가 미적 선호의 변화를 알아채기 무척 힘들다는 점을 들어 단순 노출 효과의 우려되는 측면을 이야기했다. 하지만 단순 노출 효과가 나쁘기만 한 것은 아니다. 우리의 미적 선호가 매우 특정한 문화 배경과 지각 배경에 어떻게 뿌리박고 있는지를 알면 미적 오만을 경계하고 미적 겸손의 자세를 취할 수 있다.

미적 겸손

여덟 살 때부터 쭉 스래시 메탈을 들었다면 당신의 미적 선호는 인도네시아 전통 음악 가믈란만 듣고 자란 사람과는 매우 다를 것이다. 여기까지는 놀랄 것이 없다. 당신은 가믈란 애호가가 전혀 듣지 못할 뉘앙스에 민감할 것이다. 그리고 다른 사람들은 거의 알아채지 못할 스래시 메탈의 특성에 주목할 수 있을 것이다.

슬레이어 밴드의 음반 가운데 어느 것이 들을 만한지 알고 싶으면 나는 가믈란 전문가인 내 친구가 아니라 당신의 말을 들을 텐데 당신이 훨씬 더 믿을 만한 정보통이기 때문이다. 하지만 이야기는 여기서 끝나지 않는다. 스래시 메탈에의 단순 노출은 당신이 일정한 음악의 형식과 리듬에 대한 미적 선호를 갖게 만들 테고, 이 선호는 앞으로 당신이 다른 음악 작품들에 참여할 때마다 영향을 미칠 것이다.

당신과 가믈란 전문가인 내 친구에게 내가 20세기 초 오스트리아 빈의 무조 음악이나 몹시 난해한 불협화음으로 이루어진 뉴욕의 프리 재즈를 들려준다고 가정해보자. 당신이나 내 친구나 이 곡들 가운데 어느 하나는 좋아하고 또 어느 하나는 싫어할 것이다. 그런데 당신이 이 곡은 좋아하고 저 곡은 싫어하는 한 가지 이유는 스래시 메탈에의 노출에 있다. (여기서 스래시 메탈을 무시할 의도는 전혀 없다. 무조 음악에 훤한 사람이 스래시 메탈을 처음 듣는 경우도 마찬가지일 것이다.) 한편 가믈란에 빠삭한 내 친구는 가믈란 음악에의 단순 노출 때문에 당신과는 다른 곡을 좋아할 것이다.

당신은 여기서 미적 의견 충돌이 일어난다고 생각할지도 모른다. 과연 그럴까? 이 사례가 시사하는 바는, 우리는 미적 평가를 내릴 때 일정한 예술 작품(과 그 밖의 자극들)에의 과거 노출에서 기인한 매우 특정한 관점을 취한다는 것이다. 이것은 과거의 노출이 우리의 미적 평가를 완전히 좌우한다는 말이 아니라, 그 노출이 미적 평가의 바탕이 되어 늘 그 평가에 반영되리라는 뜻이다. 이런 의미에서 모든 미적 평가는 평가자의 문화 배경과 지각 배경에 종속하거나 연동한다. 무조 음악에 대한 당신의 평가는 당신의 스래시 메탈 문화 배경에 예속한다. 한편 무조 음악에 대한 내 친구의 평가는 그의 가믈란 문화 배경에 예속한다.

누가 옳으냐 그르냐를 따지는 것은 당치 않다. 미적 평가가 평가자의 문화 배경에 연동하는 것이라면 여기서 미적 의견 충돌은 실제로 일어나지 않는다. 당신은 스래시 메탈 문화 배경에 연동한 평가를 내리는 한편, 가믈란 전문가인 내 친구는 당신과는 매우 다른 문화 배경에 연동한 평가를 내리는 것이기 때문이다.

미적 평가에 대한 문제는 사실상 존재하지 않는다거나 미학에서는 뭐든 허용된다는 뜻이 아니다. 미적 평가는 평가자의 문화 배경과 관련이 있다는 말일 뿐이다. 만일 두 평가자가 문화 배경이 서로 같은데도 의견 충돌을 빚는다면 이것은 정말로 순수한 미적 의견 충돌일 수 있다. 이들 가운데 한 명은 옳고 또 한 명은 그를 것이다.

스래시 메탈과 무조 음악의 예는 다소 극단적이다. 누구도 한 종류의 음악만 듣지는 않는다. 아무리 스래시 메탈의 광팬이더라도 다른 음악(가령 쇼핑몰에서 흘러나오는 저스틴 비버의 노래)을 모두 걸러내고 듣지는 못한다. 그렇다고 해서 당신의 미적 평가가 당신의 문화 배경과 함수 관계에 있다는 주장의 설득력이 약해지는 것은 아니다. 당신은 미적 평가를 내릴 때 자신의 문화 배경을 의식해야 한다. 당신의 미적 평가는 보편 기준이 아니다. 그것은 매우 우연한 당신의 문화 배경에 깊이 뿌리박고 있는 지극히 특정한 사건이다. 따라서 우리는 미적인 모든 것을 자못 겸손히 다루어야 한다.

제 6 장

미학과 삶

미학은 특별한 순간을 다룬다. 그런데 이 순간이 자칫 지루하게만 반복되었을지도 모를 우리 일상 속의 고립된 섬일까? 나는 그렇게 생각하지 않는다. 운이 좋으면 아침 식사 전에 미적 경험을 서너 번도 할 수 있다.

하지만 예술도 미적인 모든 것에의 참여와 마찬가지로 꽤 평범한 방식으로 우리 삶에 영향을 미칠 수 있다. 당신은 자신이 좋아하는 영화의 한 인물처럼 (아마도 무심코) 옷을 입고, 시트콤에서 배운 말을 쓰기도 한다. 그리고 전위 사진가 베레니스 애벗(1898~1991)의 말처럼 우리는 사진을 봄으로써 보는 법을 배운다. 미학과 삶은 모든 측면에서 서로 얽혀 있다.

예술 작품으로서의 삶?

미적인 것이 우리 삶에 중요하다 함은 우리가 저렴한 자조(自助) 구호 따위에 의지해야 한다는 뜻이 아니다. 그 가운데 놀라울 정도로 인기 있고 영향력 있는 구호 하나는 우리가 자기 삶을 예술 작품으로 바꾸어야(혹은 다루어야) 한다는 것이다. 나는 내가 말하려는 바가 이와는 어떻게 다른지 분명히 하고자 한다.

요한 볼프강 폰 괴테(1749~1832)에서 프리드리히 니체(1844~1990)를 거쳐 마르셀 뒤샹(1887~1968)에 이르기까지 '서양의' 근대인은 모두 위와 같은 비유를 공공연히 지지했다. 『특성 없는 남자』를 쓴 오스트리아 소설가 로버트 무질(1880~1942)이 그런 식의 자조 구호를 그 극한까지 밀어붙이며 유희를 즐겼을 정도였다.

'휴일'이라는 구멍을 내며 살아야 하는 삶이란 어떤 거죠? 어느 그림이 그 아름다움을 감상하는 데 너무 많은 걸 요구한다고 해서 우리가 거기에 구멍을 내야 할까요?

잘 생각해보면 예술 작품으로서의 삶이라는 이 발상이 어째서 19세기에 받아들여질 수 있었는지 어느 정도 이해가 갈 것이다. 당시에 예술 작품은 잘 조직된 하나의 유기체로 여겨졌다. 자기 삶을 제인 오스틴(1775~1817)의 한 소설로 바꾸려고 애쓰는 사람을 상상해볼 수 있는데, 이 소설은 처음, 중간, 끝이 있으며 이 부분들을 차례로 아주 일관되게 곧잘 감동적으로 연결하며 이야기를 펼쳐나간다. 하지만 당신의 삶을 그야말로 아무런 일도 일어나지 않는 마르그리트 뒤라스(1914~1996)의 소설이라든가 끔찍한 사건밖에 일어나지 않는 로베르트 볼라뇨(1953~2003)의 소설로 바꾸려는 것은 몹시 꺼림칙한 구상일 것이다.

더 일반적인 문제는 예술이 지나치게 삶과 비슷해졌다는 데 있다. 실제로, 반세기 전(적어도 플럭서스와 팝아트 이후)에 일어난 예술 운동의 대표 구호는 예술이 삶과 분리되어서는 안 된다는 것이었다. 그래서 만일 예술이 삶과 같아진다면 삶을 예술 작품으로 바꾼다는 것은 어불성설이자 완전한 시대착오다. 화가가 자기 그림에 실제로 구멍을 내는 하위 시각 예술 장르까지 있는데 이것은 무질을 한층 더 익살맞게 인용하는 것이다.

내가 너무 야박하게 구는 것일 수도 있다. 저 구호의 진의는 삶을 예술 작품으로 바꾸어야 한다는 것이라기보다는 삶을 마치 예술 작품처럼 대해야 한다는 것이 아닐까.

이런 접근법을 대변하는 인물도 없지는 않다. 알베르 카뮈(1913~1960)는 거의 잊힌 소설 『행복한 죽음』(1938)에서 “모든 예술 작품이 그렇듯 삶 역시 우리가 그것에 대해 생각하기를 요구한다"라고 썼다. 멋진 말이기는 하지만 여기서 꼭 예술 작품을 언급해야 할 이유는 없다. 철학책이나 백악관 뉴스, 제 주인의 발에만 꼭 들어맞는다는 신데렐라의 구두가 별안간 벗겨진 이유가 무엇인가 하는 수수께끼 등 많은 것이 우리가 그것에 대해 생각하기를 요구한다.

이렇듯 예술 작품은 삶에 대한 비유로서 특별한 이점이 없다. 확실히 어떤 예술 작품들은 우리가 그것에 대해 생각하기를 요구한다. 그런데 〈브란덴부르크 협주곡〉(1721)이나 몬드리안의 그림과 같은 작품들은 그것에 대한 적절한 반응으로서 우리가 정확히 어떤 생각을 하기를 요구할까? 사실 카뮈의 경구는 '성찰하지 않는 삶은 살 가치가 없다'라는 옛 진언(眞言)과 별반 다르지 않다.

예술이 될 수 있는 것은 많다. 예술 작품을 대하는 방법도 많으며, 그 방법 간에 애당초 우열은 없다. 따라서 자기 삶을 예술 작품으로 바꾸라고(혹은 예술 작품처럼 대하라고) 권고하는 것은 우리에게 도움도 안 되고 딱히 의미도 없다.

자기 삶의 관객?

내가 양자 간에 안전거리를 확보하고 싶어하는 미학과 우리 삶을 관련짓는 또하나의 인기 있는 방법이 있다. 어떤 점에서 이것은 삶을 예술 작품처럼 다룬다는 발상의 한 형태지만 무척 특이한 구석이 있다. 그 골자는 이렇다. 삶과 예술 작품을 대하는 올바른 태도는 초연한 관객이 되는 것이다. 오스카 와일드가 말했듯 우리는 자기 삶의 관객이 되어야 한다.

이런 생각은 19, 20세기에 널리 유행했다. 그리고 지난 이백여 년간 '서양'에서 제작된 많은 예술 작품이 명백히 그 효과를 노렸다. 내가 이 책에 인용한 문학 거장 다수(페소아에서 프루스트까지)가 이와 같은 미적 참여 개념을 확고히 지지한다. 심지어 시류에 편승하기를 거부하던 수전 손택조차 "모든 걸작은 우리를 관조로, 역동적 관조로 이끈다"라고 말하면서 이에 동의한다.

미적 경험에서 주목의 역할을 진지하게 받아들이면, 이런 초연한 관조적 경험이 왜 중심 은유가 되었으며 그런데도 어째서 모든 미적 참여의 필수 특성은 아닌지를 설명할 수 있다는 이점이 있다. 손택과 프루스트, 페소아가 말하는 것과 같은 참여는 예술품의 특성들을 자유롭게 가로지르며 배회하는 제한 없는 주목으로 특징지을 수 있다.

앞서 보았듯 이런 주목 방식은 역사적·지리적으로 매우 특정한 유형의 미적 경험을 설명해주며, 이런 미적 경험은 관조로 불리는 경험과 상당히 잘 부합한다. 하지만 이것은 어디까지나 미적 경험의 한 형태일 뿐이다. 그것이 유럽에서, 가령 20세기 전반기에 얼마나 영향력이 컸는지는 중요하지 않다. 미적 경험은 초연할 필요도, 관조적일 필요도, 제한 없는 주목을 수반할 필요도 없다.

자기 삶의 관객이 되어야 한다는 생각을 옹호했던 많은 사람이 1930년대의 정치적 사건을 직간접적으로 겪으면서 바로 그 개념을 매우 의심하게 되었다. 프랑스 소설가 앙드레 지드(1869~1951)는 히틀러가 집권한 이듬해 1934년 일기에 이렇게 썼다. "지금도 관조로 일관하는 자는 모두 비인간적 철학과 극악무도한 맹목을 증명한다."

좀더 일반적 관점에서 보면 관조에 대한 강조는 예술의 정치적 요소를 애써 부정하는 것으로 읽힌다. 대개 관조는 정치와 무관하게 여겨지며 어수선한 시국에 정치 활동 대신 관조를 택하는 것은 수상쩍게 여겨진다.

미학을 어떻게 생각하든 간에 우리는 미학의 영역에서 정치를, 혹은 정치의 영역에서 미학을 경솔히 추방해버려서는 안 된다. 관조에 대한 강조는 정치와 미학의 첨예한 대립으로 이어지기 쉽지만 이런 대립은 역사적·심리학적으로 전혀 타당하지 않을 수도 있다.

오히려 미적 행위는 정치사상을 전파하는 중요한 수단이었으며 지금도 그렇다. 실제로 이것은 미학의 사회적 의의를 보여주는 중요한 측면이다. 가장 기억에 남는 내 어린 시절의 미적 경험은 1988년 러시아의 헝가리 점령에 대항했던 시위였다. 당시 우리는 경찰의 강경 진압에도 끄떡하지 않고 다 같이 한목소리로 '러시아는 물러가라'라는 구호를 자유롭게 외쳤는데 누구도 예상하지 못한 일이었다. 나는 미학과 사회의 연관(과 주목의 개념)을 역설하는 스탕달의 다음과 같은 견해를 무척 지지한다. "문학 작품에 정치 이야기를 끌어넣는 것은 연주회 도중에 총성을 울리는 것과 같다. 좀 저급한 방법이기는 해도 사람들의 이목을 집중시키는 데는 직방이다."

자기 삶의 관조는 어떤가? 좋은 삶이란 자기 삶을 관조적으로 대함을 뜻한다는 생각은 관조적인 미적 경험을 강조하는 것과 긴밀한 관련이 있다. 이런 태도가 어째서 스토아철학 및 불교의 부흥이나 마음챙김과 같은 비교적 최근의 자조주의(self-help schools)가 마구 우려먹을 수 있는 소재인지는 알기 어렵지 않다. 앞서 보았듯 동시대 예술은 관조에서 멀어졌다. 마음챙김 산업이 이 틈새를 아주 수월하게 비집고 들어갈 수 있었던 것은 예술계에서 관조가 차지하는 비중이 줄어들었기 때문이다.

삶과 미학의 연관은 관조에 대한 고리타분한 이야기에서 말하는 것보다 훨씬 중요하고 가치 있다. 미적 경험은 우리가 타성에 젖지 않게 도와줄 수 있다. 그리고 세상을 바라보는 새로운 방법을 가르쳐줄 수 있다.

타성에 젖지 않으려면

나는 내가 영화평론가로 일하면서 배운 철학적 교훈을 이야기했다. 하지만 영화평론가로 일한다는 것은 적잖이 우울한 측면도 있다. 당신은 다른 영화평론가들과 함께 많은 시간을 보내야 하는데 그들 다수는 경력이 수십 년이다.

운이 나빴을 수도 있지만 나는 뼛속들이 타성에 젖은 영화평론가들과 많은 시간을 보내야 했다. 그들은 영화에 대한 자신의 애정을 (공공연히 자주) 과시했지만 나는 그런 흔적을 거의 발견하지 못했다. 그들은 우리가 함께 본 모든 영화에 사사건건 불평을 늘어놓았고, 그나마 괜찮게 본 영화들조차 수상작 심사나 각자가 쓸 평론에서 자신이 그 영화들에 대해 무슨 말을 할 수 있을지의 시각에서만 바라보았다.

내가 영화평론가의 길을 단념하고 그보다 훨씬 덜 매력적인 학자의 삶을 택한 것은 그들처럼 되고 싶지 않았기 때문이다. 나는 타성에 빠지기 싫었다. 영화나 다른 예술 작품들에 진심으로 열광하고 감동하고 고양되는 법을 잊고 싶지 않았다.

그런데 이 사람들이 무엇을 잘못했을까? 어쩌다 그렇게 타성에 젖게 되었을까? 영화평론가 로니의 사례를 보자(이 이름은 실명일 수도 있고 아닐 수도 있다). 로니는 전형적인 잉글랜드인이었다. 그는 영국의 주요 신문사 한 곳을 비롯해 거의 모든 고급 인쇄 매체에 평론을 기고했다. 나이 지긋한 신사였다. 젊은 시절에는 파리에서 1960년대 문학계 인사들이나 잔 모로, 장 뤽 고다르와 같은 유명 영화인들과 어울렸다. 영화평론가로서 로니의 정체성은 바로 여기에 오롯이 뿌리박고 있었다. 그는 활기차고 흥미진진했던 영화사의 한 시대를 살면서 지금은 고전의 반열에 오른 명작들의 배우들과 함께 취한 나날을 보냈다.

로니와 나는 세대가 달랐음에도 아주 좋은 친구가 되었는데 예술과 영화에 대한 취향이 놀랄 만큼 서로 잘 맞았기 때문이다. 하지만 로니는 모든 동시대 영화를 자신이 사랑해 마지않던 고전 작품을 잣대로 평가했는데, 이런 태도는 당신이 영화제를 돌아다니며 동시대 영화를 보는 일로 여생을 살아야 한다면 그리 도움이 되지 않는다. 로니의 태도는 영화평론가 사이에서 지극히 정상이었다. 나는 이런 집단에서 과거의 영광을 칭송하고 미화하는 문화 비관주의자를 수없이 보았다. 만일 이 평론가들이 옛날 영화를 보는 데서만 쾌감을 얻을 수 있다면 그들은 지금까지 영화제를 순회하며 시간만 낭비한 것이었는지도 모른다. 하지만 그들은 타성에 젖은 것이 전혀 아니었을 수도 있다. 정말로 형편없는 영화들만 보았을 수도 있으니까. 처음에는 그렇게 생각했다.

시카고국제영화제에서의 어느 날 밤, 유난히 까다로운 심사를 끝내고 아마레토에 거나하게 취한 로니는 자신이 그렇게나 좋아했던 옛날 영화들을 보는 데서 더는 아무런 즐거움도 느끼지 못한다고 속마음을 털어놓았다. 이전에는 옛날 영화들을 보면서, 나중에 평론이나 기사에서 다룰 만한 다른 영화들과의 흥미로운 연관성이나 미묘한 차이점을 종종 포착할 수 있었다고 한다. 하지만 이제는 아무것도 느끼지 못했다. 로니가 속상해한 것도 당연하다. 나도 그랬다.

그후 나는 이런 현상이 전문 미술평론가들이나 미술사가들 사이에도 상당히 만연해 있음을 깨달았다. 20세기를 대표하는 미술사가라고 할 수 있는 에른스트 곰브리치(1909~2001)도 바로 그런 고충을 겪었다. 곰브리치는 자신이 본 거의 모든 그림을 예술적, 역사적으로 저마다 섬세하게 분석할 수 있었지만 그 모든 경험에서 아무런 감흥도 느끼지 못했다.

실제로 나는 내게서 이런 징후를 감지하기 시작했고, 두려워졌다. 영화를 보는 일은 갈수록 지루해졌는데 나중에 평론을 써야 한다는 생각이 떠오를 때면 특히 그랬다. 그래서 나는 로니가 영화를 한 편 보고 나면 그 즉시 책상에 앉아 해박한 지식을 동원해 세련된 두 쪽짜리 평론을 십 분 만에 멋지게 써낼 수 있었다는 점에서 대단히 탁월한 평론가임을 인정하지 않을 수 없었다. 나는 우리가 진짜 전문 영화평론가가 되려면 영화를 더는 즐기지 못하는 대가를 치러야 하는 것은 아닐까 하는 생각이 들었다. 정말로 그럴까봐 두려웠다. 이 모든 예술 향유는 순수한 예술 애호가만을 위한 것이 아닐까? 진짜 전문가들에게는 그런 향유가 시간낭비일까?

이 질문에 명쾌한 답을 할 수 있다고는 생각하지 않는다. 하지만 영화평론가로 일하면서 나는 로니와 그 동료들—어쨌든 나도 한때는 그 일원이었다—이 하던 일이 무엇인지를 알게 되었다. 그들은 자신이 영화관에 앉아서 앞으로 무엇을 보게 될지를 명확하게 예상했다.

예상, 그리 달콤하지만은 않은

예상은 좋은 것이다. 우리는 주변에 무엇이 있는지 예상을 하지 않고서는 거의 아무런 일도 할 수 없다. 또 예상은 우리가 예술에 참여할 때 중대한 역할을 하기도 한다. 노래를 들을 때, 심지어 그것이 처음 듣는 노래일 때조차 우리는 그 노래가 어떻게 흘러갈지 어느 정도 예상을 한다. 그리고 그것이 귀에 익은 선율이면 이 예상은 상당히 강해(지고 실험적으로 연구하기도 쉬워)질 것이다. 가령 〈베토벤 교향곡 5번〉(1808) 도입부의 '빠바바'를 듣는 순간 우리는 '빠바바밤'의 끝음 '밤'을 강하게 예측한다.

예상이 어떻게 (음악과 통증 등 모든 것에 대한) 경험에 영향을 미칠 수 있는지에 대해 많은 과학적 연구가 이루어졌다. 예상은 보통 상당히 불확실하다. 이전에 한 번도 들어보지 못한 곡을 들을 때도 우리는 그 선율이 어떻게 흘러갈지 어느 정도 예상은 하지만 정확히 무슨 일이 일어날지는 알지 못한다. 가령 바이올린 글리산도가 삐 하는 자명종 소리를 계속 낼 가능성은 배제할 수 있지만—그것이 전위적인 곡이 아닌 한—그 소리가 정확히 어떻게 이어질지는 자신 있게 예측하지 못한다. 예상은 가변적이고 역동적이다. 우리가 곡을 듣는 동안 수시로 변한다.

타성에 젖은 평론가들의 예상은 그리 가변적이지도 역동적이지도 않은 듯하다. 로니는 극장의 불이 꺼졌을 때 자신이 무엇을 예상할 수 있는지 정확히 알았다. 영화가 그를 놀라게 할 때도 당연히 있었지만 어디까지나 예측 가능한 방식으로 그를 놀라게 했을 뿐이다. 가령 '아하, 그래서 감독이 필름 누아르가 아닌 히치콕식 서사 반전을 택했군!' 하는 것이다. 영화가 무엇을 보여줄지 그 가능성의 공간은 일찍이 로니의 머릿속에 설계되어 있었다. 불확실한 것이 하나 있다면, 이미 매우 명확히 규정된 암묵적 지시문들 가운데 그 영화가 결국 어느 지시문을 따를 것인가 하는 정도였다.

물론 영화에 대해 알면 알수록 당신은 더 많은 비교 표본을 가질 테고, 그러면 새로운 어떤 것도 영화에서 일어나기 매우 어렵다. 당신이 영화사 전체를 속속들이 꿰고 있다면 비교 표본과의 잠재적인 대응점과 차이점, 유사점을 무시하기 힘들다. 그런데 이로 인해 당신의 경험은 한갓 분류 작업이 되어버릴 수도 있다. 가령 줄거리는 〈인디아나 존스〉(1981)와, 구성은 〈아바타〉(2008)와, 연기는 〈나폴레옹 다이너마이트〉(2004)와 비슷하다는 식으로 영화를 보는 것이다. 그러면 영화가 별로 재미없다.

여기서 놓치고 있는 것은 자기 자신을 순수한 놀라움에 내맡기는 어느 정도의 개방성과 자발성이다. 그것은 단지 당신이 보는 영화가 세심히 구획된 영화사의 어느 분류함으로 결국 들어가게 될 것인지에 대한 놀라움이 아니라 그 영화가 당신에게 행하는 무언가에 대한 놀라움이다.

타성에 젖은 영화평론가의 주목은 극도로 집중된다. 로니는 자신이 쓸 평론에 적절하다고 여겨지는 뚜렷한 일부 특성에만 집중할 것이다. 그리고 나머지는 모두 무시할 것이다. 나머지 특성이 너무 뻔할 때는 그렇게 하는 것이 당연하다. 하지만 그렇지 않을 때도 있을 테고, 그러면 로니는 자기 주목의 초점 밖에서 일어나는 모든 것을 놓치고 말 것이다.

하지만 확고한 예상(아니, 선입관이라고 해야 할까?)을 자제하면서 영화를 보면 우리는 자신이 유의미하다고 생각하는 특성들 범위 밖의 어떤 것도 즉각 무시하지 못할 것이다. 모든 것이, 심지어 전문 평론가들이 시간낭비로 치부하는 것들조차 의미 있게 다가올 수 있다.

시인이자 미술가며 1920~1930년대 파리 초현실주의 운동의 대부인 앙드레 브르통(1896~1966)은 영화를 그다지 좋아하지 않았다. 브르통은 영화가 너무 뻔하고 너무 사실적이라고, 즉 자신의 초현실주의 기준에는 한참 미치지 못한다고 생각했다. 하지만 브르통은 자기 왼손을 펼쳐 눈앞에 대고 전체 스크린의 부분 부분만 봄으로써 영화를 즐기는 방법을 찾아냈다. 그리고 그런 방법으로 멋진 경험을 했노라고 주장했다. 로니는 콧방귀를 뀌었을 테고, 솔직히 나라도 신예 영화평론가 누구에게도 그런 방법을 권하지는 않겠지만 로니의 경험보다 즐거운 경험이었음은 분명하다.

스크린의 반을 가려버림으로써 앙드레 브르통은 무슨 일이 일어날지에 대한 선입관을 제거하는 데 성공했고 스크린에서 일어나는 일에 대해 진정으로 열린 경험을 할 수 있었다. 하지만 이것은 극단적 사례로, 모든 사람에게 효과가 있으리라는 보장은 없다. (전 관객이 손으로 자기 눈을 가리고 있는 광경을 상상해보라. 대다수 영화감독에게는 악몽일 것이다.) 그것은 브르통이 타성에 저항하는 방법이었다. 그는 누구나 주목하는 평범하고 틀에 박힌 것을 자신이 주목하지 못하도록 스스로를 통제했다. 자신의 주목이 예상으로 인해 제약되지 않고 열려 있도록 한 것이다. 하지만 꼭 눈을 가리지 않더라도 또다른 방법들이 틀림없이 있을 것이다.

새롭게 다시 보기

브르통이 손가락 틈새로 영화를 보고 있던 때와 거의 같은 시기에 이탈리아 화가 조르조 데 키리코는 잊지 못할 만큼 아름다우면서도 다소 당혹스러운 그림들을 그리고 있었는데 그 그림들에는 텅 빈 광장과 홍예, 고대 조각상, 저 멀리 기차가 등장한다. 키리코는 일상 풍경을 초현실적인 모습으로 변형하는 데 특별한 재능이 있었다. 그리고 그런 변형과 관련해 들려줄 이야기도 많았다.

> 어느 맑은 가을 오후, 나는 피렌체의 산타 크로체 광장 복판의 한 벤치에 앉아 있었다. 물론 이 광장을 보는 것이 처음은 아니었다. (…) 대리석 건물과 분수탑에 이르기까지, 내게는 온 세상이 회복중인 것처럼 보였다. 광장 중앙에는 긴 망토를 걸친 단테 조각상이 솟아 있는데, 그는 자기 책들을 품에 꼭 껴안은 채 생각에 잠겨 월계관을 쓴 머리를 땅 쪽으로 숙이고 있다. 그

조각상은 원래 흰 대리석으로 된 것이지만 시간이 그것을 회색으로 주조해놓았고, 보기에 아주 좋았다. 포근하면서도 쌀쌀맞은 가을볕이 단테 조각상과 성당 파사드를 내리쬔다. 그 순간, 나는 내가 이 모든 것을 처음 본다는 낯선 인상을 받았다.

내가 윗글을 인용하면서 가장 적확한 표현이라고 생각한 대목은 마지막 문장이다. 예술품이나 풍경 앞에서 강렬한 경험을 할 때 우리는 보통 그것을 마치 처음 보듯 바라본다. 실제로, 적어도 어떤 종류의 미적 경험은 그 경험이 마치 처음인 것처럼 느껴진다는 데 특징이 있다. 설령 이전에 여러 번 보았더라도 우리가 정말로 감동할 때 그것은 처음 보는 것처럼 느껴진다. 우리는 이전에 그것을 한 번도 제대로(really) 본 적이 없다. 하지만 지금은 그렇지 않다.

'처음 본다'라는 이 말이 고리타분한 상투어처럼 들릴지도 모른다. 내 생각에는 그 이상이다. 무언가를 처음 볼 때 당신은 그것을 관습적이고 판에 박은—자신과 관련된 특성들을 가려내고 나머지는 무시하는—방식으로 보지 않는다. 어떤 특성들도 유의미할 수 있으므로 두루 주목한다. 이렇듯 무언가를 처음 볼 때 당신은 제한 없이—무엇에 주목할지 분명히 염두에 두지 않고—주목하는 경향이 있다.

친구 집에 난 불을 꺼야 하는 갑작스러운 상황에서 처음 보는 물건이 (그것도 예술품이) 하나 눈에 띄었다고 치자. 그런 와중에 거기서 어떤 가치 있는 특성을 찾겠다고 주목의 초점을 이리저리 옮기는 사람은 없을 것이다. 당신은 오직 한 가지, 즉 그것이 불을 끄는 데 어떤 쓸모가 있을지에만 주의를 기울일 것이다. 하지만 특별히 서둘러 처리할 일이 없는 상황에서 한 번도 본 적이 없는 물건이 관심을 끌 때 (더욱이 이런 관심이 으레 그렇듯 박물관에서 촉발될 때) 당신은 제한 없이 주목하는 경향이 있다. 무언가를 처음 본다는 느낌은 당신이 제한 없는 주목을 하고 있음을 가리킨다.

무언가를 처음 본다고 느끼는 것은 당신이 그것을 바라보는 관습적이고 틀에 박힌 모든 방식에서 벗어났음을 뜻한다. 이것이 내 흥미를 끄는 차이, 즉 무언가를 바라보는 틀에 박히고 습관적인 방식과 그것을 '마치 처음 보는 것처럼' 바라보는 방식의 차이다. 데 키리코가 들려준 이야기의 요점은 바로 여기에 있다. 그는 세상을 이해하는 틀에 박히고 습관적인 방식을 완전히 떨쳐버림으로써 세상을 새롭게 다시 볼 수 있었다.

물론 틀에 박히고 습관적인 태도로 보는 것이 잘못은 아니다. 혼잡한 출근길에서는 그런 지각 방식을 취하면서 운전하는 것이 좋다. 이런 경우 당신은 무언가를 새롭게 다시 보기를 바라지 않는다. 더구나 새롭게 다시 보기는 몇 분 이상 지속하기도 힘들다. 이런 미적 가수(假睡) 상태를 언제고 온종일 경험할 수는 없다.

십대 때 귀가 닳도록 들었던 노래를 기억하는가? 그 노래는 당신에게 언제나 감동을 주었다. 음, 그 감동이 완전히 사라지기 전까지는. 당신은 그 노래를 완전히 소진해버리고 그 노래에 너무도 익숙해져버린 것 같다. 그런 일이 내게 일어날 때마다 나는 깊은 상실감에 빠졌다.

그래도 다행히 이런 경험은 종종 다시 할 수 있다. 그 노래를 한동안 듣지 않다가 몇 달(혹은 몇 년) 뒤에 다시 들으면 이전보다 훨씬 벅찬 감동이 밀려올지도 모른다. 이때 당신은 그 노래를 마치 처음 듣는 것처럼 듣는다. 습관과 관성(routines)은 사라진다.

이것이 한 세기 전, 데 키리코와 그 초현실주의 동료들의 핵심 통찰이었다. 그들은 우리가 예술의 도움으로 무미건조한 일상의 지각 습관과 관성을 극복할 수 있다고 생각했다. 습관은 당신을 무뎌지게 한다. 아무리 아름다운 것도 자꾸 보면 그저 그래 보일 것이다. 하지만 당신은 예술의 도움으로 습관을 버리고 한 번도 시도해보지 않은 방식으로 무언가를 바라볼 수 있다.

'새롭게 다시 보는' 듯한 이 느낌이 우리가 관심을 기울이는 모든 미적 경험을 설명해주는 것은 분명히 아니다. 앞서 보았듯 모든 미적 경험이, 당신이 무언가를 마치 처음 보는 것처럼 바라볼 때 취하는 그런 제한 없는 주목으로 특징지어지는 것은 아니다. 같은 노래를 수백 번 듣고, 대사를 다 외울 정도로 같은 영화를 거듭해서 보는 등의 일을 우리는 확실히 가치 있게 여긴다. 그리고 그렇게 할 때 느끼는 익숙함을 즐긴다. 마르셀 뒤샹은 예술을 가리켜 '습관성 마약'이라고 했는데, 역시 그답다. 미적 경험은 각양각색이다. 다만 어떤 미적 경험은 무언가를 처음 보는 것처럼 바라보는 것과 많은 관련이 있다.

지속 효과

미적인 것은 또다른 방식으로 우리 삶에 영향을 미친다. 미적 경험은 지속 효과(lingering effect)를 일으킬 수 있다. 이 효과는 아직 탐구가 덜 이루어진, 예술 향유의 한 가지 독특한 측면이다. 예술 향유는 지속한다. 온종일 미술관에 있다가 나중에 집으로 돌아갈 때 당신 눈에는 칙칙한 버스정류장이 그 미술관에서 본 어느 한 그림처럼 보일 수 있다. 그리고 연주회나 극장에서 멋진 작품을 감상하고 밖으로 나왔을 때는 흉하고 우중충하고 지저분한 거리 풍경이 아름답고 긍정적으로 보일 수도 있다.

마르셀 프루스트는 바로 이와 같은 현상을 묘사한다. 프루스트는 자신이 좋아하는 화가—화자 마르셀은 그를 엘스티

르라는 가명으로 부른다—의 수채화를 보고 난 뒤, 지금까지 한 번도 주목했던 적이 없는 따분한 식당 광경의 특성들에 주목하게 되었다. 그러자 이전에도 수도 없이 많이 보았던 그 광경이 매우 색다르게 보였다. 불현듯, 프루스트는 다음과 같은 것들에 주목하기 시작한다.

> 가만히 포개져 놓인 나이프들의 중단된 몸짓, 태양이 노란 우단 자투리를 넣고 누비어 보풀렸음 직한 내팽개쳐진 냅킨의 볼록함, 반쯤 비어서 그 곡면의 고상한 만곡(彎曲)을 더없이 잘 드러내 보여주는 유리잔과 얼어붙은 햇살처럼 깨끗한 그 반투명 크리스털 잔 깊은 곳에 거뭇하게 가라앉아 빛에 반짝이는 포도주 앙금, 고체의 변위(變位)와 명암의 효과에 따른 액체의 변성, 반쯤 약탈당한 접시에 놓인 채 풀빛에서 쪽빛으로 쪽빛에서 금빛으로 옮아가는 자두의 변색, 식도락 의식을 거행하는 제단과도 같은 백포 깔린 식탁 주위로 하루에 두 번씩 모여 앉는 노부인들을 닮은 의자들과 그 식탁에 놓인 조그마한 돌 성수반 모양의 빈 굴 껍데기 속에 고인 정화수 몇 방울……

그리고 프루스트는 이렇게 말을 맺는다. "나는 그것이 존재하리라고는 미처 상상도 해보지 못한 곳에서, 평범하기 그지없는 것들 속에서, '정물(still life)'의 심연에서 아름다움을 찾아보려고 했다."

미적 참여에서 주목이 차지하는 중요성을 강조하는 것의 이점 하나는 이 수수께끼 같은 현상을 설명할 수 있다는 데 있다. 예술은 당신이 주목하는 방식을 변화시킨다. 그리고 이 심적 주목 상태는 돌연 중단되지 않는다. 지속한다.

우리는 미적 경험을 함으로써 자신이 바라보는 대상을 이해하는 뻔한 방식을 버릴 수 있다. 예술 감상이 끝난 뒤에도 우리의 주목은 평소대로 돌아갈 때까지 얼마간 자유로운 상태를 유지한다. 우리는 눈에 띄는 모든 것을 제한 없는 주목 방식으로 계속 바라본다. 그러면 극장 앞의 추저분한 길도 하나의 예술 작품으로 보일 수 있다.

미국의 추상화가 애드 라인하르트(1913~1967)에 따르면 "본다는 것은 보기처럼 그리 단순하지 않다. 예술은 사람들에게 보는 방법을 가르쳐준다". 이것은 우리가 예술을 향유하는 데서 얻는 귀중한 특전의 하나다. 다시 말해 예술은 당신에게 본다는 것의 순수한 즐거움을 되찾아줄 수 있다. 무엇을 보는가와는 상관없이 말이다. 그리고 당신이 무언가를 마치 처음 보는 것처럼 볼 수 있게 해준다.

제 7 장

범세계 미학

최근에 방문한 큰 미술관 한 곳을 떠올려보라. 거기서 '꼭 보아야 할' 미술품 가운데 유럽이나 미국에서 제작된 것이 얼마나 되었는지 기억나는가? 아마도 대다수였을 것이다. 하지만 미술품은 유럽과 미국뿐 아니라 전 세계 각지에서 제작된다. 유럽과 미국 외 지역에서 제작된 미술품은 웬만한 미술관에서는 찾아보기 쉽지 않다. 혹시 있더라도 본관에 딸린 부속 건물에나 가야 겨우 볼 수 있다.

추상 표현주의 화가 빌럼 더코닝(1904~1997)은 미술사를 바라보는 당대의 지배적 시각을 철로에 비유했다. "미술사에는 메소포타미아로 거슬러올라가는 철로가 하나 놓여 있다. 그 위에 동양인과 마야인, 아메리칸 인디언은 아무도 없다. 뒤상은 있다. 세잔도 있고, 피카소를 위시한 입체파도 있다. 자코메티와 몬드리안 등 훨씬 더 많은, 문명인 전부가 있다."

다행히 미술사를 이처럼 단일한 철로로 바라보는 시각을 지지하는 미술사가는 오늘날 거의 없다. 하지만 미술을 그리 대하는 사고방식이 여전히 미술에 대한 일상적 인식과 대다수 미술관의 전시작 선정에도 지대한 영향을 끼친다. 유럽의 예술만이 특혜를 누리는 현 사태를 멈추고 싶다면, '서양'과 비'서양' 예술 간의 불균형뿐 아니라 '서양'과 비'서양' 미학 간의 불균형도 바로잡아야 한다. 우리에게는 범세계 미학이 필요하다.

시각의 지형

미적 경험(예술품이나 풍경 등에 대한 경험)이 성장 문화에 따라 달라지는 것은 왜일까? 범세계 미학으로 나아가기 위한 첫 질문은 이것이다. 답은 간단하다. 인공품은 지금 이곳에서 지각되는 것과 같은 방식으로 모든 역사 시대와 모든 장소에서 지각되지 않기 때문이다. (지금부터는 인공품에 대해 이야기할 것이다. 어느 문화에서는 무엇이 '예술'로 여겨지고 무엇은 그렇지 않은가 하는 문제와는 거리를 두기 위해서다.)

위의 주장은 전통적 미학관과 배치하는데, 이 미학관에 따르면 학문으로서의 미학은 보편자를 다룬다. 다시 말해 미학은 우리가 예술품과 그 밖의 미적 대상에 참여하는 방식을 우리의 문화 배경과 무관하게 탐구한다는 것이다. 사실 미학자들이 미술사가들에게 곧잘 비난받는 것은 바로 이런 문화 보편주의 때문이다. 신경 과학에 오염된 최신 유행의 미학 연구는 미학의 이런 보편주의를 한층 더 강력히 밀어붙이는데, 그 목적은 다양한 형태의 미적 감상 가운데서 신경 상관자(neural correlates)를 찾아내는 것이다. 단, 감상 주체의 문화 배경은 고려하지 않는다.

하지만 실상은 그 반대다. 마음의 경험 과학을 진지하게 받아들일 때 이로부터 얻는 실질적 가르침은 문화 보편주의를 완전히 단념해야 한다는 것이다. 그 이유는 충분히 입증되었듯 지각에 미치는 풍부한 하향식 영향에 있다. 심리학 및 신경 과학 분야의 수많은 연구는 우리의 지식과 신념이 시청각 정보 처리 과정의 초기 단계에도 영향을 미친다는 사실을 보여준다. 따라서 우리의 지식과 신념이 우리가 어떤 문화와 어떤 시대에서 성장했느냐에 따라 다르다는 점을 고려하면, 우리의 지각도 우리가 어떤 문화와 어떤 시대에서 성장했느냐에 따라 다를 것이다.

문제는 지각에 미치는 하향식 영향(top-down influences on perception)이 어떻게 작용하고 어떤 과정에 따라 매개되느냐다. 나는 그 매개 기제로 두 가지를 들 텐데, 하나는 주목이고 또 하나는 심상이다. 주목과 심상은 둘 다 신념이나 지식과 같은 우리의 고차 정신 상태에 크게 영향을 받는다. 한편 양자는 모두 우리의 지각과 미적 참여에 영향을 준다.

달리 말해 주목과 심상에는 문화 간 편차(cross-cultural variations)가 있다. 따라서 미적 참여에서 주목과 심상이 차지하는 중요성을 고려하면 이것은 미적 참여에도 틀림없이 문화 간 편차가 있으리라는 것을 뜻한다. 마음이 어떻게 작동하는지를 아는 한 우리는 보편주의 노선을 택할 수 없다. 우리는 자신의 미적 참여가 현지의 인공품 제작자가 의도한, 또 그 사용자가 행한 참여와 같으리라고 가정할 수 없다.

우리가 무엇을 주목하고 어떻게 주목하는지는 우리의 배경 신념과 지식, 지각 기술에 무척 크게 좌우되는데 이것들은 모두 문화적으로 특수하다. 그렇다면 우리의 주목 형태도 문화적으로 특수하다. 그런데 인공품에 대한 우리의 경험이 우리가 무엇에 주목하는지에 크게 좌우된다는 점을 고려하면 이것은 인공품에 대한 우리의 경험에 커다란 문화 간 편차가 있음을 뜻한다.

솔로몬제도에서 제작된 테파투(tepatu, 흉갑)를 보자(그림 5). 엇갈린 선들로 이루어진 추상적 무늬가 보일 것이다. 테파투 하단 끄트머리의 역V자 형태는 군함새의 꼬리를, 그 위의

5. '테파투(혹은 테마, 탬베)', 오세아니아 솔로몬제도, 19세기 후반, 메트로폴리탄미술관

두 형태는 날개를 재현한 것으로 추정된다. 군함새는 가다랑어 떼가 있음을 암시하며 가다랑어는 바로 이 테파투를 만든 산타크루즈제도 거주민들의 주식이다. 더 위의 형태들은 돌고래나 어류를 재현한 것으로 보이는데 군함새가 암시하는 가다랑어일 수도 있다.

당신이 주목하는 테파투의 특성은 앞의 설명을 듣기 전후로 달라졌을 것이다. 이제 당신은 이전에는 흘려 보았던 부분(가령 돌고래 등지느러미를 연상시키는 작은 돌출부)에 더 주목한다. 그 결과 당신의 경험은 매우 달라졌다. (문화적으로 매우 특수한) 주목의 변화가 그 인공품에 대한 경험의 변화로 이어진 것이다.

문화 간 편차는 우리가 주목하는 대상뿐 아니라 주목하는 방식에도 있다. 아쿠아리움과 같은 단순한 시각 전시물을 보더라도 동아시아에서 자란 사람들과 유럽에서 자란 사람들은 보통 다르게 반응한다. 유럽인은 헤엄치는 물고기에 주목하는 반면, 동아시아인은 물거품이나 해초와 같은 배경 특성에 주목하는 경향이 있다. 이런 시각 과제를 접할 때 대체로 유럽인은 선택적 주목을 하고 동아시아인은 분산적 주목을 하는 듯하다. 이처럼 주목에도 문화 간 편차가 있으며 이것은 경험의 문화 간 편차로 이어진다.

우리의 지각 경험에 미치는 하향식 영향을 매개하는 또하나의 기제는 심상이다. 심상은 우리가 아는 것과 믿는 것, 이전에 지각했던 적이 있는 것에 크게 좌우된다. 가령 머릿속으로 사과를 떠올렸을 때 당신이 시각화한 그 사과의 외양은 당신이 평상시 어떤 사과들을 보았는지에 따라 결정된다. 한편 심상은 우리가 예술품을 경험할 때 중요한 역할을 한다(이것은 일본 미학의 단골 주제이기도 하다).

가령 인도네시아 작가 좀뼷 꾸스위다난또(Jompet Kuswidananto, 1976~)의 설치 미술은 심상을 동원해야 완성되는 작품이다. 여기서 관람객의 심상은 그 작품을 경험하는 데 필요한 결정적 요소다(그림 6).

문화 배경이 서로 다른 사람들은 이 작품을 완성하는 데 각기 다른 심상을 동원할 것이다. 아마도 대다수—전부가 아니라—는 이 설치 미술을 보면서 말(馬)의 심상을 떠올릴 테지만, 가령 말이 전투를 연상시키는 문화권 사람들에게는 이 심상(특히 기수騎手의 심상)이 단순한 의미를 넘어설 것이며 따라서 불러일으키는 격정도 무척 다를 것이다. 이것은 문화 배경이 서로 다른 사람들은 같은 예술품을 접하더라도 각기 다른 경험을 하리라는 것을 뜻한다.

꾸스위다난또의 설치 미술이 우리의 심상에 노골적으로 직접 호소하는 다소 드문 사례이기는 하지만 예술품을 경험할 때 심상이 수반하지 않는 경우는 거의 없다. 이것은 특히 대다

6. 좀뻿 꾸스위다난또, 〈제삼 세계의 장례 행렬〉, 인도네시아, 2012년

수 비'서양' 미학 전통을 살펴보면 분명히 알 수 있는데 이 미학 전통에서 미적 경험은 시각뿐 아니라 청각과 후각, 미각, 촉각에 이르는 모든 감각 양상에 호소하는 다중 양상의 경험으로 명백히 여겨진다(상당히 극단적인 시각 중심주의 미학은 '서양의' 것인 경우가 많은 듯하다).

이런 생각은 라사 전통에서 가장 잘 드러나는데, 앞서 보았듯 이 전통에서 라사는 말 그대로 경험을 통해 느낀 감정의 맛을 음미함을 뜻한다. 여기서 맛은 한갓 비유가 아니다. 단일한 감각 양상(음악의 경우라면 청각)에서 촉발되었더라도 결국은 그 밖의 모든 감각 양상(시각, 후각, 촉각, 미각)을 발동하는 것이 바로 라사의 경험이다. 다시 말해 다중 양상의 심상을 불러일으키는 경험이다.

물론 라사가 유일한 사례는 아니다. 일본 미학의 핵심 개념은 '감추어진 아름다움'을 뜻하는 유현(幽玄)인데 이것을 감상할 때도 (불완전하고 감추어진 부분을 메우는) 심상과 흡사한 것이 수반한다. 한편 11세기 이슬람 철학자 아비첸나도 미적 경험에서 심상이 차지하는 중요성을 대단히 강조했다.

우리의 경험은 문화 배경에 좌우된다. 미술사가들은 시각의 역사를 논하기 좋아한다. 전 시대를 통틀어 가장 영향력 있는 미술사가라고 할 만한 하인리히 뵐플린(1864~1945)은 잘 알려져 있듯 다음과 같이 주장했다. "시각은 나름의 고유한 역사가 있으며 이 시각의 지층을 드러내는 것이야말로 미술사의 으뜸 과업으로 여겨져야 한다." 이 도발적 언사를 둘러싸고 말들이 많기는 하지만 이 주장이 경험적 측면에서 참이라는 말은 일리가 있다. 주목과 심상이 역사가 있다는 점을 고려하면 이것들에 영향을 받는 시각도 역사가 있다.

이런 점에서 시각의 역사가 존재한다면 시각의 지형도 존재할 것이다. 그리고 이런 식의 추론은 지각 일반에도 적용된다. 주목과 심상이 우리가 어떤 문화에서 성장했느냐에 따라 발동된다는 점을 고려하면 이것들에 영향을 받는 지각도 우리의 문화 배경에 좌우된다. 범세계 미학은 시각의 지형을 다룬다.

범세계 표현 형식

우리는 한 인공품에 대한 자신의 경험을 근거로 그 인공품이 다른 문화에서 어떻게 경험되는지 추정할 수 없다. 그렇다면 이 인공품이 다른 문화에서 어떻게 경험되고 사용되는지(더욱이 그 문화에 대해 증언해줄 사람이 아무도 생존하지 않는다면) 어떻게 알 수 있을까?

우리는 인공품 제작의 중심지 몇몇 곳에 대해서는 잘 안다. 하지만 그 밖의 지역에 대해서는 잘 모른다. 이것은 범세계 미학을 생각하는 데 심각한 비대칭을 초래한다. 우리는 15세기 이탈리아에서 그림이 어떻게 제작되었고 사람들이 그림을 어떻게 바라보았는지 상당히 많은 정보를 갖고 있지만, 그와 같은 시대 중앙아메리카에서는 어땠는지 거의 모른다. 이런 인식적 비대칭(epistemic asymmetry)은 기록물이 어디에는 남아 있고 어디에는 그렇지 않은지와 같은 우연한 요인의 결과다. 따라서 우리는 자신이 더 잘 아는 나라의 인공품이 그렇지 않은 나라의 인공품보다 아무래도 '더 뛰어나다'거나 연구할 가치가 더 높다고 생각해서는 안 된다.

그런데 우리가 우리 '서양의' 경험을 근거로 타 문화를 이해할 수 없다면, 또 인공품이 세계 대다수 지역에서는 어떻게 경험되는지 정보가 거의 없다면 결론은 회의적이다. 다시 말해 우리는 타 문화에서는 인공품이 어떻게 경험되는지 알 길이 없는데 인공품에 대한 경험이 문화마다 현격히 다르기 때문이다. 이런 회의적 결론을 피하려면 인공품을 제작한 문화에 대해 아는 것이 많지 않아도 그 인공품의 일부 측면만큼은 제대로 파악할 수 있는 방법을 찾아야 한다.

범세계 미학은 인공품이 언제 어디서 제작되었는지와 상관없이 어떤 인공품에 대해서도 논할 수 있는 개념 틀이 있어야 한다. 이것은 모든 인공품이 지녀야 하는 미적으로 유의미한 특성을 밝히는 일과 같다.

모든 인공품이 지녀야 하는 특성의 사소한 예로 물질적 구성과 크기를 들 수 있다. 어떤 인공품이든 무언가로 구성되며 이만큼 크든 저만큼 크든 크기가 있다. 훨씬 더 사소한 특성의 예는 인공품이 무언가를, 가령 사과를 묘사하는가 아닌가와 같은 것이다. 그렇다 아니다 둘 중 하나지 선택의 여지는 없다. 이런 예들의 문제는 어떤 문화에서는 물질적 구성과 크기가 미적으로 중요할지도 모르지만 다른 문화에서는 그렇지 않다는 데 있다. 따라서 우리는 미적으로 더 유의미한 특성 공간(feature-space)을 찾아야 한다.

나는 그림(pictures)을 사례 연구 대상으로 삼고자 한다. 그림에 대한 경험은 미적 경험으로 이어지는 경우가 많으며 이것은 우리 '서양' 문화에서만 그런 것이 아니다. 그림이라고 해서 다 미술품은 아니다. 가령 비행기가 바다에 불시착할 경우 기내를 어떻게 탈출해야 하는지 알려주는 안전수칙 안내도는 당연히 미술품이 아니다. 그림으로 여겨질 수 있는 것은 많다. 화포에 그린 유화나 목판에 그린 템페라뿐 아니라 나무껍질의 긁힘 자국이나 손전화로 찍은 셀피도 그림이다. 그림은 천차만별이다.

그럼에도 모든 그림은 회화적 구성을 보여준다. 다시 말해 어떤 그림도 회화적 요소들을 아무렇게나 배치하지 않는다. 회화적 구성은 모든 문화에서 미적으로 중요하게 다루어진다. 요루바 미학(나이지리아 남서부 사람들의 미학 전통)에는 '이파라혼(ifarahon)'이라는 주요 개념이 있는데 이것은 보통 선명성(visibility)으로 번역되며 인물의 전신을 뚜렷이 형상화해 보여주어야 함을 뜻한다. 이파라혼은 원래 조각에 적용되는 개념이었으나 지금은 사진가들이 지향해야 할 주요 덕목(가령 모델의 눈동자는 양쪽 모두 선명히 나오게 촬영해야 한다는 지침)으로도 여겨진다.

6세기 중국의 화가이자 미술평론가 사혁(謝赫)은 중국의 그림 미학을 가장 상세히 논한 초기 저술 『고화품록古畫品錄』에서 화육법(畫六法)을 제시했다. 다섯째 법칙인 경영위치(經營位置)는 공간과 깊이의 회화적 요소를 표면에 배치하고 배열하는 방법을 설명한다(그후로 이것은 중국의 모든 화론에서 다루는 중심 주제가 되었다). 이와 같은 시기 인도에서는 그림을 대단히 소상히 논하는 백과사전식 힌두교 문헌 『비슈누달모타라 프라나*Vishnudharmottara Purana*』 제3권(The third Khanda)이 저술되었는데 이 또한 회화적 구성(누가 누구의 앞뒤에 혹은 좌우에 있어야 하는지)에 대한 언급으로 가득하다. 한편 회화적 구성은 일본 미학의 오랜 중심 주제이기도 했다.

이 저작들이 공통으로 다루는 문제는 그림을 구성하는 방법이다. 매우 추상적인 차원에서 회화적 구성은 서로 뚜렷이 구분되는 두 가지 양상을 띠는데, 각각 '표면 구성(surface organization)'과 '장면 구성(scene organization)'으로 부르기로 하자. 모든 그림은 그것이 언제 어디서 제작되었는지와 무관하게 표면 구성과 장면 구성 사이의 스펙트럼 어딘가에 들어간다.

표면 구성의 목적은 묘사 대상의 2차원 윤곽 형태가 2차원 프레임에 어떻게 배치되는지를 주목하게 하는 것이다. 이와 달리 장면 구성의 목적은 3차원 묘사 대상이 묘사 공간에 어떻게 배치되는지를 주목하게 하는 것이다. 표면 구성과 장면 구성은 절충이 가능하며 대다수 그림이 양자를 결합하려고 한다. 다만 두 구성 원리가 상충할 때는 (표면 구성과 장면 구성 가운데) 어느 하나가 우세한 경향이 있다.

회화적 구성은 미적으로 중요하므로 그림을 그리는 사람은 누구든 그림을 어떻게 구성할지 선택해야 한다. 강조하지만, 이것은 '서양'에만 해당하는 이야기가 아니다. 다시 말해 어떤 문화의 그림에든 적용되는 디자인의 문제다. 따라서 표면 구성과 장면 구성 사이의 스펙트럼은 모든 그림을, 그것이 어디서 제작되었는지와 무관하게 설명할 수 있는 매우 일반적인 (그러나 '서양' 중심적이지 않은) 개념 틀의 출발점으로 받아들여질 수 있다.

표면 구성과 장면 구성의 차이는 다소 모호하다. 따라서 비교적 발견하기 쉬운 단순한 특성을 통해 이 차이를 밝히는 것이 유용할 것이다. 앞으로 살펴볼 특성은 두 가지인데, 바로 중첩(occlusion)과 공백(empty surface)이다.

우리는 일상에서 많은 중첩을 지각한다. 달리 말해 우리가 보는 대상은 다른 대상의 앞을 가리고 있거나 뒤에 가려져 있을 때가 많다. 문제는 중첩이 그림에 나타나느냐 않느냐다. 표면 구성은 그림을 그리는 사람이 중첩의 유무에 주의를 기울임을 암시한다. 그림 속의 중첩은 묘사 대상들의 2차원 윤곽 형태가 2차원 표면에서 서로 어떻게 관계하는지를 보여주는 특성이다. 어떤 그림들은 가급적 중첩을 피하려고 한다. 또 어떤 그림들은 되도록 중첩을 늘리려고 한다. 두 경우 모두 표면 구성의 좋은 예다. 우리는 모든 그림을 중첩의 극단적 결핍에서 극단적 과잉에 이르는 스펙트럼 내에 위치시킬 수 있다. 그림 7, 8은 각각 이 스펙트럼의 양 끝점에 가까운 사례다.

어떤 문화의 그림들은 이 중첩 스펙트럼의 특정 지점 주위로 모일 것이다. 파지리크 스키타이의 그림들은 어떻게든 중첩을 피하려는 경향이 있다. 반면 하네가와 토에이의 그림에서는 거의 모든 대상이 의도적으로 중첩된 듯하다. 두 유형의 그림은 모두 표면 구성 방식을 취한 것으로 볼 수 있다.

이와 달리 또 어떤 문화의 그림들(가령 아메리카 원주민의 조각이나 17세기 네덜란드의 정물화)은 중첩의 유무에 특별히 신경을 쓰지 않는데 이것은 장면 구성을 암시한다. 한 그림이

7. '스키타이 벽걸이', 시베리아 알타이 파지리크, 기원전 5세기

8. 하네가와 토에이, 〈조선통신사내조도〉, 일본, 1748년경

3차원의 장면 묘사를 염두에 두고 구성된다면 중첩의 유무는 그다지 중요하지 않을 것이다.

모든 그림이 지니는 둘째 특성은 공백의 유무에 있다. 일상의 지각에서 우리의 시야 일부는, 흥미로운 지각 요소가 없다는 의미에서 (하늘이나 땅, 빈 벽을 제외하면) 비어 있을 때가 많다. 어떤 그림들은 의도적으로 공백을 피하려고 한다. 표면 구석구석에 흥미로운 회화적 요소를 그려 넣으려고 하는 것이다. 반면 또 어떤 그림들은 의도적으로 공백을 남겨놓으려고 한다. 그림 9, 10이 그런 대비를 보여주는 사례다.

다시 말해 표면에 공백이 있는지 없는지에 주의를 기울이는 것은 표면 구성을 암시한다. 장면 구성은 표면 일부가 비었는지 아닌지에 대해 중립적이다. 중첩의 경우처럼 표면 구성 방식을 취한 그림들은 공백 스펙트럼의 특정 지점 주위로 모일 것이다(서로 다른 문화의 그림들은 각기 다른 지점 주위로 모일 것이다). 이와 달리 장면 구성 방식을 취한 그림들은 이 스펙트럼 곳곳으로 흩어진다.

이제 우리는 중첩과 공백이라는 두 특성에 기초한 좌표계를 얻었다. 그리고 여기에 프레임이나 대칭과 같은 또다른 특성들을 추가할 수도 있다. 어떤 그림들은 프레임을 중시하거나 나아가 강조하기까지 하지만, 또 어떤 그림들은 의도적으로 프레임이 눈에 띄지 않게 하려고 한다. 프레임은 2차원 표

9. 알렉산데르 아포스톨, 〈레시덴테 풀리도〉, 베네수엘라, 2001년. 작가는 건물을 사진으로 촬영한 뒤 디지털 작업으로 이 건물의 여러 세부 요소(문과 창)를 지웠다.

10. '포 사원의 벽화', 태국 방콕 학교, 19세기

면 특성에 부합하며 그것(이 부각되는지 은폐되는지)에 주의를 기울이는 것은 표면 구성을 암시한다. 한편 대칭은 또다른 표면 특성으로, 대칭 구성이나 비대칭 구성에 신경을 쓰는 것은 표면 구성을 암시한다. 하지만 대칭(혹은 프레임)을 대수롭지 않게 여긴다면 그것은 장면 구성의 암시일 것이다.

바로 이것이 모든 그림을, 그것들이 제작된 문화에 대해 우리가 얼마나 아는지와 상관없이 아우를 수 있는 다차원 특성 공간이다. 물론 타 문화의 그림들에 대한 이해가 여기서 끝나지는 않는다. 문화적으로 특수한 그림들은 이와 같은 형식 분석으로는 밝힐 수 없는 굉장히 다양한 측면을 지닌다. 하지만 문화적으로 특수한 그림들을 더욱더 깊이 탐구하려면 다차원 특성 공간이라는 견고한 출발점이 필요하다.

우리는 이 문화 중립적 다차원 특성 공간을 통해, 그것이 아니었다면 거의 몰랐을 문화의 그림들을 좀더 잘 이해할 수 있다. 가령 어느 특수한 문화의 그림이 모두 중첩을 애써 피한다면 이것은 그 그림들이 왜 그런지를 우리가 밝히려고 할 때 중요한 측정점(data point)이 되어준다. 이런 형식 분석이 우리에게 그 답을 알려주지는 않겠지만 (혹은 알려주더라도 매우 미진한 답이겠지만) 우리가 제기하는 물음을 더 명료히 해줄 수는 있다.

예를 들어보자. 당신이 중세 유럽 문화에 대해 아무것도 모른 채 앞서 5장에서 본 도메니코 베네치아노의 소품과 같은 이미지를 여럿 접했을 때 당신은 그 이미지들 속의 두 인물이 누구인지 전혀 알 수 없다. 한 명은 여성이고 또 한 명은 날개를 달고 있다는 정도밖에는 모를 것이다. 그런데 당신이 이 여인과 더불어 날개를 단 자의 모습을 거듭해서 접한다면 그 두 인물이 서로 멀찌감치 떨어져 위치하는 경향이 있음을 눈치챌 것이다. 그들은 서로 겹치지도 않지만, 그 화폭에서 서로 겹치는 것이 불가능할 정도의 위치에 있는 것도 아니다. 당신은 이런 그림들이 서로 다른 영적 세계에 사는, 따라서 실제로는 같은 공간에 묘사할 수 없는 (혹은 묘사해서는 안 되는) 인간과 천사의 만남을 그린 성모 영보의 이미지임을 모른다. 적어도 중세 유럽의 종교와 문화에 대한 지식이 있어야만 알 수 있을 것이다. 하지만 중세 유럽 문화를 전혀 모르더라도 이 두 인물의 특이한 공간 관계에 주목하는 것만으로도 당신은 이 특수한 문화의 특이성을 밝힐 수 있는 첫 단계에 진입했다고 할 수 있다. 성모 영보를 묘사한 중세 그림들에서 이것이 왜 디자인 문제가 되는지를 이해하려면 현지(중세 유럽)의 문화에 대해 무언가를 알아야 할 것이다. 하지만 당신은 문화적 특수 정보가 전혀 없어도 이런 디자인 문제를 인지할 수 있다.

범세계 미학은 문화적으로 특수한 정보와, 일정한 모든 인공품이 공유하는 아주 일반적인 형식적 특성 사이에서 서로를 강화하는 상호 작용에 기초한다. 양자는 상반된 경향을 보이는 듯하지만 서로를 보완할 수 있고 또 그래야 한다. 다시 말해 어떤 문화에서 제작된 인공품들의 반복되는 형식적 특성(가령 중첩을 의도적으로 피하는지 아닌지)을 발견하면 발견할수록 우리는 그 인공품들이 왜 그런 특성을 띠는지에 대한 문화적으로 특수한 정보를 더 많이 얻을 수 있는 단계로 더 나아간다.

박물관에서 더욱더 길을 잃다

나는 우리가 예술 작품이나 그 밖의 미적 중요성을 지닌 대상을 접할 때 공통으로 하는 경험에 대한 이야기로 이 책을 시작했다. 우리는 자신이 아무리 노력해도 미적 경험에 이르는 데 익숙해지기 어렵다는 사실을 문득문득 깨닫는다. 당신은 바로 이 예술품 앞에서 강렬하고 가치 있는 경험을 했던 적이 있다. 그런데 지금은 아무런 감흥도 일어나지 않는다.

당신이 박물관에서 더더욱 자주 자문할 법한 더 구체적인 물음은 이것이다. 나는 무엇을 기대하며 타 문화의 인공품과 마주해야 할까? 서아프리카 베냉의 조각을 보자(그림 11). 이런 조각들은 (미적으로 여겨지는 것이 무엇인지를 얼마나 넓게 해석하든 간에) 미적 참여를 염두에 두고 제작된 대상일 가능성이 몹시 낮다. 이런 16세기 베냉의 조각들로 가득한 박물관 전

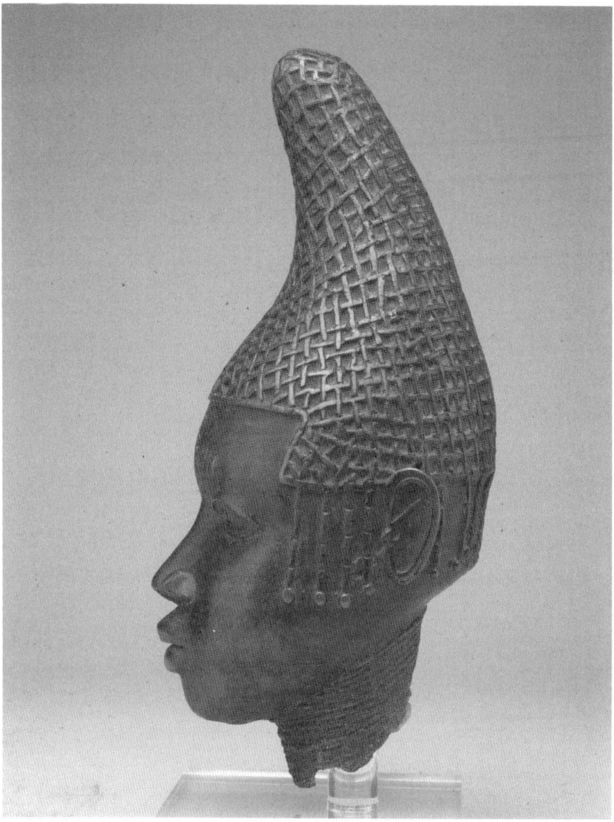

11. 〈황태후의 두상〉, 베냉, 16세기

시실에 들어갔을 때 당신은 무엇을 하는가? 어떤 경험을 하려고 하는가?

짐작건대 당신은 이 조각들을 자신이 아는 예술품들과 관련지어 이해하려고 할 것이다. 서아프리카 조각을 접할 때 우리 가운데 다수는 유럽의 현대 조각을 그 참조 틀로 삼을 가능성이 크다(유럽의 현대 조각이 서아프리카의 목조 조각에서 지대한 영향을 받았다는 사실은 결코 우연이 아니다). 우리는 베냉의 조각들이 현대 조각을, 가령 콘스탄틴 브른쿠시(1876~1957)의 작품을 연상시키기에 그 조각들에 끌리는 것일 수도 있다(그림 12). 그리고 우리는 이로부터 상당히 큰 미적 즐거움을 느끼고 미적 경험도 할 수 있을지 모른다.

나는 방금 사회학적 주장을 했다. 그러니까 우리가 이런 종류의 대상들에 실제로 어떻게 참여하는 경향이 있는지를 설명했다. 그런데 한 가지 의문이 생긴다. 우리가 이런 방식으로 인공품에 참여하는 것이 그른가? 베냉의 조각들이 브른쿠시의 작품을 접할 때와 같은 경험을 촉발하기 위해 제작되지 않았음은 명백하다.

유사한 의문이 또하나 고개를 든다. 다른 시대의 인공품을 접할 때 우리는 무엇을 기대하는가? 박물관에 간다는 것은 대개 당신이 다른 시대의 인공품을 접하게 되리라는 것을 뜻한다. 음악을 듣거나 문학 작품을 읽는 경우도 마찬가지다. 이럴

12. 콘스탄틴 브른쿠시, 〈마이아스트라〉, 구겐하임미술관

때 우리는 어떻게 하는가?

다시 말해 나의 사회학적 주장은 우리는 다른 시대의 작품을 자신이 이해할 수 있는 방식으로, 즉 우리가 현시대의 작품에 참여할 때 취하는 익숙한 방식으로 경험하려고 한다는 것이다. 5장에 나온 도메니코 베네치아노의 그림을 볼 때 우리는 그것과 매우 다른 종류의(가령 20세기의) 그림들을 접하면서 갖게 된 관람 방식으로 그 그림을 바라보려고 한다. 그래도 의문은 가시지 않는다. 인공품을 이렇게 대하는 것이 그른가?

미적 경험의 문화적 특수성을 고려하면 무엇이 예술품에 참여하는 옳은 방식인가 아닌가 하는 의문은 애당초 제기되지 않는다. 베냉의 조각이나 초기 이탈리아의 그림을 마치 현대 예술품처럼 바라보며 그 작품에 참여하는 것이 그르든 옳든 간에 사실상 다른 대안이 없기 때문이다. 우리가 할 수 있는 최선은 그런 예술품들을 평가할 때 자신의 문화와 거리를 두는 것이다.

앞서 보았듯 미적 경험은 경험 주체의 문화 배경에 따른 하향식 영향을 받는다. 베냉의 조각가와 바로 그 조각가가 감상자로 염두에 두었던 사람들의 미적 참여에 미쳤던 하향식 영향은 지금 나의 미적 참여에 미치는 하향식 영향과는 매우 다르다. 따라서 우리는 베냉의 제작자와 사용자가 그랬던 것과 같은 방식으로 그 인공품에 참여하는 것이 거의 불가능하다.

하지만 이 간극을 좁힐 수는 있지 않을까? 해볼 만하다. 그리고 어떤 의미에서는 그래야 한다. 타 문화와 그 문화의 인공품에 대해 배우는 것이 대단히 가치 있는 일임은 말할 것도 없다. 하지만 완전한 문화적 흡수가 불가능에 가까운 데는 구조적(systematic) 이유가 있는데, 그것이 바로 이제는 우리에게 아주 익숙하게 여겨지는 심리 현상인 단순 노출 효과다(이 책 곳곳에서 단순 노출 효과의 개념에 반복 노출된 독자들은 모두 실제로 이 개념을 우호적으로 받아들일 것이다). 우리의 가치 판단은 우리가 이전에 어떤 작품들을 접했느냐에 좌우되는데 이것은 단순 노출 효과 때문이다. 각인된(인격 형성기 초반에 무언가를 접함으로써 형성된) 미적 선호는 뒤엎기가 아주아주 어렵다.

우리는 타 문화를 탐사하면서 그 현장에서 수십 년을 보낼 수도 있다. 실제로 전 세계의 많은 미술사가가 그렇게 한다. 가령 그들은 인도네시아 미술을 연구할 때 현장을 직접 찾아가 수년, 심지어 수십 년 동안 그 문화 환경과, 그들에게는 아주 낯설 그 환경 속의 자극에 자신을 노출한다. 그러면 어느 정도는 기존의 단순 노출 효과를 극복할 수 있다. 하지만 인생은 그리 길지 않다. 설령 당신이 인도네시아 문화를 완전히 흡수했더라도 마야 미술 전시회에서는 다시 완전히 길을 잃고 말 것이다.

다시, 미적 겸손

영국의 미술사가이자 미술평론가 마이클 박산달(1933~2008)은 한 문화의 참여자와 관찰자를 구분했다. 박산달에 따르면 "참여자는 〔자〕문화를 즉각 이해하고 자연스럽게 배우지만 관찰자는 그렇지 못하다. 〔참여자〕는 이성적 자의식 없이도 자문화의 규준에 따라 행동할 수 있다".

내 말은 타 문화의 완벽한 참여자가 되는 일은 몹시 어렵고 사실상 불가능하다는 것이다. 우리는 갖은 노력을 다해도 타 문화의 관찰자로 남을 수밖에 없는 운명이다. 오세아니아 미술에 대한 책을 몇 권 읽는다고 해서 별안간 그 문화의 참여자가 되지는 않는다. 이것은 주로 경험적인 이유에서 그렇다. 바로 지각에 미치는 하향식 영향과 단순 노출 효과 때문이다.

그러면 어떻게 해야 할까? 낯선 문화와 그 문화의 예술 제작 양식을 열심히 공부하는 것은 여전히 좋은 생각이며 대단히 가치 있는 일이 될 수 있다. 범세계 미학은 타 문화의 사람들이 그들을 둘러싼 세계를 어떻게 바라보았는지를 이해할 때 최소한의 거리를 유지해야 한다. 우리는 낯선 문화를 열심히 공부함으로써 그 문화에 좀더 가까이 다가갈 수 있으며 이를 통해 지금까지 몰랐던 미적 경험의 길을 발견할 수도 있다. 하지만 그런다고 해서 우리가 타 문화의 한갓 관찰자가 아닌 참여자가 될 수 있다고 착각해서는 결코 안 된다.

따라서 우리는 더욱더 겸손한 미적 자세를 취해야 한다. 우리는 늘 자신이 견지하는 문화적 관점을 의식하고 자신의 미적 평가를 겸손하게 다루어야 한다. 다시 말해 나의 평가는 매우 특수한 문화적 관점에서 기인한 하나의 평가에 불과함을 인정해야 한다. 우리는 미학과 관련해 오만한 태도를 취하기 쉬운데 이것은 미학이 우리 개인에게 갖는 중요성이 그만큼 크기 때문일 것이다. 하지만 바로 그런 까닭에 우리는 미적 평가를 내릴 때 한층 더 신중해야 한다. 이 책에서 꼭 하나 전해야 할 메시지가 있다면 그것은 우리 모두에게 더 많은 미적 겸손이 필요하다는 것이다.

감사의 말

이 책의 초고를 읽고 조언해주신 다음 분들과 익명의 평자들에게 고마움을 전한다. 니콜라 알제타, 알마 바너, 펠리치타스 베커, 콩스탕 보나르, 키아라 브로초, 드니 뷸러, 패트릭 버틀린, 댄 카비돈테일러, 윌 데이비스, 라이언 도런, 페테르 퍼제커시, 가브리엘라 페레티, 로랭 제라르댕라베저, 크리스 고핀, 로라 고, 존 홀리데이, 안나 이치노, 러슬로 코세그히, 막달리니 코코, 로비에 쿠벌러, 케빈 란데, 제이슨 레딩턴, 한스 마에, 마놀로 마르티네스, 모한 마텐, 크리스 맥캐럴, 리자이나 니나 미온, 토머스 롤리, 샘 로즈, 마르텐 슈텐하겐, 야쿠프 스테이스칼, 루 텡, 헤라르도 비에라, 알레트르 판 베스텐, 댄 윌리엄스, 닉 윌트셔, 닉 영. 특히 세 가지 버전의 원고를 읽는 수

고를 마다하지 않은 도미닉 로페스 씨에게 깊이 감사드린다.

아울러 이 책을 쓰는 데 다음 기관들의 보조금을 지원받았음을 밝힌다. 유럽연구위원회(ERC) 통합 보조금(과제 번호: 726251), 플랑드르연구재단(FWO) 오디세우스 보조금(과제 번호: G.0020.12N) 및 연구 보조금(과제 번호: G0C7416N).

참고문헌

제1장 박물관에서 길을 잃다

곰브로비치의 말은 그의 다음 일기에서 인용했다. Witold Gombrowicz, *Diaries* (New Haven: Yale University Press, 2012), p. 39.

레제의 일화는 그의 다음 글에서 인용했다. Fernand Léger, The Machine Aesthetic. *Bulletin de l'effort moderne* (Paris, 1924).

뉴먼의 말은 다음 책에서 재인용했다. John P. O'Neill (ed.), *Barnett Newman: Selected Writings and Interviews* (New York: Alfred A. Knopf, 1990), p. 25.

'서양 미학의 영향력 있는 한 견해'는 이마누엘 칸트의 다음 비판서로 거슬러 올라간다. Immanuel Kant, *Kritik der Urteilskraft*, 1790. (이마누엘 칸트, 『판단력 비판』, 백종현 옮김, 아카넷, 2009; 보정판, 이석윤 옮김, 박영사, 2017.)

미학이 일상 현장에서 차지하는 중요성에 대해서는 다음 논문과 책을 보라. Sherri Irvin, The Pervasiveness of the Aesthetic in Ordinary Experience. *British Journal of Aesthetics* 48 (2008): 29 – 44; Bence Nanay, Aesthetic Experience of Artworks and Everyday Scenes. *The Monist* 101 (2018): 71 – 82; Yuriko Saito, *Everyday Aesthetics* (Oxford: Oxford University Press, 2007).

제2장 섹스와 마약, 로큰롤

다음 책은 '섹스와 마약, 로큰롤'의 문제를 상세히 잘 설명한다. Jerrold Levinson, *The Pleasures of Aesthetics* (Ithaca, NY: Cornell University Press, 1996).

필자가 '미용실 접근법'이라는 부르는 미학관은 플라톤에서 메리 마더실에 이르기까지 아름다움을 논한 거의 모든 '서양' 문헌에서 발견할 수 있다. 마더실의 다음 책을 보라. Mary Mothersill, *Beauty Restored* (Oxford: Clarendon Press, 1984).

오스카 와일드의 말은 그가 1879년 미술학도들에게 했던 강의에서 인용했다. Oscar Wilde, *Essays and Lectures* (London: Methuen, 1911), p. 111.

다음 책은 아름다움을 매우 민주적으로 설명하며 필자의 접근법과도 대체로 일치한다. Lopes, Dominic, *Being for Beauty* (Oxford: Oxford University Press, 2018).

레제의 말은 그의 다음 글에서 인용했다. The Machine Aesthetic: The Manufactured Object, the Artisan and the Artist. *Bulletin de l'effort moderne* (Paris, 1924).

칸트의 무관심적 쾌의 개념에 대해서는 그의 다음 책을 보라. *Critique of Judgement*, trans. W. S. Pluhar (Indianapolis: Hackett, 1987, originally 1790). (이마누엘 칸트, 『판단력 비판』, 백종현 옮김, 아카넷, 2009; 보정판, 이석윤 옮김, 박영사, 2017.)

다음 글은 회복의 즐거움과 고무의 즐거움의 차이를 잘 개괄해 설명한다. Michael Kubovy, On the Pleasures of the Mind. In: D. Kahneman, E. Diener, and N. Schwartz (eds), *Well-Being: Foundations of Hedonic Psychology* (New York: Russell Sage Foundation, 1999), pp. 134 – 49. (마이클 쿠보비, 「정신적 쾌락에 관하여」, 출처: 대니얼 카너먼·에드 디너·노르베르트 슈바르츠 편저, 『행복의 과학 – 웰빙: 쾌락심리학 핸드북』, 임종기 옮김, 아카넷, 2020, 293~336쪽.)

북돋는 즐거움으로서의 미적 즐거움을 가장 잘 설명한 것은 모한 마텐의 이론이다. Mohan Matthen, The Pleasure of Art. *Australasian Philosophical Review* 1 (2017): 6 – 28. 필자가 '안도의 즐거움'으로 칭하는 것을 마텐은 'r-즐거움'으로(쿠보비는 '회복의 즐거움'으로), 필자가 '북돋는 즐거움'으로 칭하는 것을 마텐은 'f-즐거움'(쿠보비는 '고무의 즐거움')으로 칭한다.

로라 멀비의 말은 그의 다음 논문에서 인용했다. Laura Mulvey, Visual Pleasure and Narrative Cinema. *Screen* 16/3 (1975): 6 – 18.

아이리스 머독의 말은 그의 다음 글에서 인용했다. Iris Murdoch, Existentialist Hero. *The Listener* 23 (March 1950), p. 52.

쿠블러의 말은 그의 다음 책에서 인용했다. George Kubler, *The Shape of Time* (New Haven: Yale University Press, 1962), p. 80.

미적 감정으로서의 경탄에 대해서는 다음 책을 보라. Jesse Prinz, *Works of Wonder* (New York: Oxford University Press, 출간 예정).

미적 감정으로서의 감동에 대해서는 다음 논문을 보라. Florian Cova and Julien Deonna, Being Moved. *Philosophical Studies* 169 (2014): 447 – 66 (하지만 저자들은 이것이 모든 미적 참여의 보편적 특성이라고까지는 말하지 않는다).

미적 감정으로서의 형식적 특성의 관조에 대해서는 다음 책을 보라. Clive Bell, *Art* (London: Chatto and Windus, 1914).

모든 행위는 감정 행위라는 주장에 대해서는 필자의 다음 논문을 보라. Bence Nanay, All Actions are Emotional Actions. *Emotion Review* 9 (2017): 350 – 2.

페르난두 페소아의 말은 그의 다음 소설에서 인용했다. *The Book of Disquiet* (London: Serpent's Tail, 1991), p. 27 (29 [87]). (페르난두 페소아, 『불안의 서』, 배수아 옮김, 봄날의책, 2014, 756쪽.)

손택의 말은 그의 다음 에세이에서 인용했다. On Style (1965), in *Against Interpretation* (New York: Farrar Straus Giroux, 1986), p. 27. (수전 손택, 「스타일에 대해」, 『해석에 반대한다』, 이민아 옮김, 이후, 2002, 53쪽.)

다음 책 3장은 '그 자체에의 가치 부여'에 초점을 맞춘 접근법의 좋은 예를 소개한다. Robert Stecker, *Aesthetics and Philosophy of Art* (Lanham, Md: Rowman and Littlefield, 2005).

트로피를 타기 위한 활동과 과정 자체를 위한 활동 간의 균형에 대해서는 필자의 다음 글을 보라. 〈https://www.psychologytoday.com/intl/blog/psychologytomorrow/201812/thetrophy-process-balance〉.

본문에서 언급한 헉슬리의 책은 다음과 같다. Aldous Huxley, *The Doors of Perception* (London: Chatto and Windus, 1954).

프루스트의 말은 그의 다음 소설에서 인용했다. *Sodom and Gomorrah*, chapter II, paragraph 25 (p. 138 in the Moncrieff translation). (마르셀 프루스트, 『잃어버린 시간을 찾아서 7 — 소돔과 고모라 1』, 김희영 옮김, 민음사, 2019, 378쪽.)

제3장 경험과 주목

미적 경험과 비미적 경험에서 주목이 초래하는 변화의 시각적 사례를 더 찾아보고 싶으면 필자의 다음 글을 보라. 〈https://aestheticsforbirds.com/2014/06/16/paying-aesthetic-attention-bencenanay/〉.

고릴라 실험에 대해서는 다음 논문을 보라. D. J. Simmons and C. F. Chabris, Gorillas in our Midst: Sustained Inattentional Blindness for Dynamic Events. *Perception* 28 (1999): 1059 –74. 이 실험에서 나타나는 현상을 부주의맹이 아니라 부주의 기억 상실(우리는 고릴라를 보고 나서 바로 그 사실을 잊는다)로 해석하는 반대 견해도 있다. J. M. Wolfe, Inattentional Amnesia. In: V. Coltheart (ed.), *Fleeting Memories. Cognition of Brief Visual Stimuli* (Cambridge, Mass.: MIT Press, 1999).

다음 논문은 집중된 주목과 분산된 주목의 차이를 잘 개괄해 설명한다. Arien Mack, Is the Visual World a Grand Illusion? *Journal of Consciousness Studies* 9 (2002): 102 – 10.

필자는 다음 책에서 집중된 주목과 분산된 주목의 차이를 더 자세히 다루었다. Bence Nanay, *Aesthetics as Philosophy of Perception* (Oxford: Oxford University Press, 2016).

다니엘 위예의 말은 2005년 태그 갤러거와의 인터뷰에서 인용했다. Tag Gallagher, *Senses of Cinema*, 2005, Issue 37.

마리나 아브라모비치의 말은 2012년 로스 시모니니와의 인터뷰에서 인용했다. Ross Simonini, *Globe and Mail* 20 February 2012.

페르난두 페소아의 말은 그의 다음 소설에서 인용했다. Fernando Pessoa, *The Book of Disquiet* (London: Serpent's Tail, 1991), p. 77 (76 [389]). (페르난두 페소아, 『불안의 서』, 배수아 옮김, 봄날의책, 2014, 251쪽.)

산스크리트 미학과 라사 이론 일반에서 논하는 경험의 역할에 대해서는 다음 책을 보라. Sheldon Pollock (ed.), *A Rasa Reader* (New York: Columbia University Press, 2016).

다음 논문은 지각의 투명성을 잘 개괄해 설명한다. Laura Gow, The Limitations of Perceptual Transparency. *Philosophical Quarterly* 66 (2016): 723 – 44.

제4장 미학과 나

미적 선호가 개인에게 갖는 중요성을 보여주는 연구는 다음 논문에서 시작되었다. Nina Strohminger and Shaun Nichols, The Essential Moral Self. *Cognition* 131 (2014): 159 – 71. 그리고 이에 대한 반응으로 다양한 의견이 개진되었는데 특히 다음 논문이 눈여겨볼 만하다. J. Fingerhut, J. Gomez-Lavin, C. Winklmayr, and J. J. Prinz, The Aesthetic Self. In: *Frontiers in Psychology* (발표 예정).

우리의 미적 선호가 끊임없이 변한다는 사실을 보여주는 연구에 대해서는 다음 논문을 보라. Cambeon Pugach, Helmut Leder, and Daniel J. Graham, How Stable are Human Aesthetic Preferences across the Lifespan. *Frontiers in Human Neuroscience* 11 (2017): 289. doi: 10.3389/fnhum.2017.00289.

실제로는 그렇지 않지만 우리는 자신이 좀처럼 변하지 않는다고 생각한다. 이 현상을 가리키는 전문 용어도 있는데 바로 '역사의 종말이라는 착각'이다. 이에 대해서는 필자의 다음 영상을 보라. 〈https://www.ted.com/talks/bence_nanay_the_end_of_history_illusion〉.

인상주의 그림을 이용한 단순 노출 효과 실험은 다음 글에 나온다. James E. Cutting, The Mere Exposure Effect and Aesthetic Preference. In: P. Locher et al. (eds), *New Directions in Aesthetics, Creativity and the Psychology of Art* (New York: Baywood, 2007), pp. 33 – 46. 필자의 다음 논문도 보라. Bence Nanay, Perceptual Learning, the

Mere Exposure Effect and Aesthetic Antirealism. *Leonardo* 50 (2017): 58–63.

다음 논문은 판단 중심의 미학이 어떤 것인지를 잘 보여준다. Malcolm Budd, Aesthetic Judgements, Aesthetic Principles and Aesthetic Properties. *European Journal of Philosophy* 7/3 (1999): 295–311.

다음 글은 미적 현상에서 우리가 느끼는 즐거움에 대한 논의를 미학이 왜 소홀히 해서는 안 되는지 상세히 잘 설명한다. Jerrold Levinson, Pleasure and the Value of Works of Art, in his *The Pleasures of Aesthetics* (Ithaca, NY: Cornell University Press, 1996).

수전 손택의 말은 그의 다음 에세이에서 인용했다. Susan Sontag, On Style (originally published in 1965), reprinted in her *Against Interpretation* (New York: Farrar Straus Giroux, 1986), p. 21. (수전 손택, 「스타일에 대해」, 『해석에 반대한다』, 이민아 옮김, 이후, 2002, 45쪽.)

흄의 논고 「취미의 기준에 대하여」(1757)는 다음 에세이집에 실려 있다. David Hume, *Essays: Moral, Political and Literary*, ed. Eugene Miller (Indianapolis: Liberty, 1985). (데이비드 흄, 『취미의 기준에 대하여 / 비극에 대하여 외』, 김동훈 편역, 마티, 2019.) 제럴드 레빈슨은 다음 논문에서 흄의 논증을 매우 철저히 분석한다. Jerrold Levinson's Hume's Standard of Taste: The Real Problem. *Journal of Aesthetics and Art Criticism* 60/3 (2002): 227–38.

이슬람 미학에서 논하는 경험의 역할에 대해서는 다음 책을 보라. Valerie Gonzalez, Beauty and Islam: *Aesthetics in Islamic Art and Architecture* (London: I. B. Tauris, 2001). 다음 논문도 보라. J. N. Erzen, Islamic Aesthetics: An Alternative Way to Knowledge. *Journal of Aesthetics and Art Criticism* 65/1 (2007): 69 – 75.

아시리아·바빌로니아 미학에서 논하는 '타브리투' 개념에 대해서는 다음 글을 보라. Irene J. Winter, The Eyes Have It: Votive Statuary, Gilgamesh's Axe, and Cathected Viewing in the Ancient Near East. In: Robert S. Nelson (ed.), *Visuality Before and Beyond the Renaissance: Seeing as Others Saw* (Cambridge: Cambridge University Press, 2000), pp. 22 – 44.

제5장 미학과 타자

폴린 케일은 이렇게 말했다. "내가 평론을 예술로 생각하고, 만일 이 시대 이 나라에서 평론을 정직히 수행한다면 그것은 전위 영화 작가의 작업과 마찬가지로 수지가 맞지 않는다." Pauline Kael, *I Lost It at the Movies: The Essential Kael Collection* '54 – '65 (London: Marion Boyars, 2002), p. 234.

이글턴의 말은 그의 다음 책에서 인용했다. Terry Eagleton, *The Function of Criticism* (London: Verso, 1984), p. 7.

말로의 말은 그의 다음 책에 나온다. André Malraux, *Museum without Walls* (New York: Doubleday, 1967), p. 236.

제6장 미학과 삶

베레니스 애벗의 말은 다음 책에서 재인용했다. Julia Van Haaften, *Berenice Abbott: A Life in Photography* (New York: W. W. Norton, 2018).

로버트 무질의 재담은 그의 다음 소설에 나온다. Robert Musil, *The Man without Qualities*, trans. Eithne Wilkins and Ernst Kaiser (London: Picador, 1979) (1930/2). Volume II, p. 336. (로비드 무질, 『특성 없는 남자』, 1~3권 합본, 안병률 옮김, 북인더갭, 2021, 373쪽.)

카뮈의 말은 그의 사후 출간된 다음 소설에서 인용했다. Albert Camus, *A Happy Death* (New York: Penguin, 2002). (알베르 카뮈, 『행복한 죽음』, 김화영 옮김, 1995.)

자기 삶의 관객이 되어야 한다는 생각을 담은 오스카 와일드의 생생한 표현은 그의 다음 소설에 나온다. Oscar Wilde, *The Picture of Dorian Grey* (New York: Barnes and Noble, 1995), p. 121. (오스카 와일드, 『도리언 그레이의 초상』, 김진석 옮김, 펭귄클래식코리아, 2008, 200쪽.)

미적 관조의 개념을 열렬히 지지했던 또 한 명의 영향력 있는 사상가는 아르투어 쇼펜하우어다. Arthur Schopenhauer, *The World as Will and Representation* (Cambridge: Cambridge University Press, 2011). (아르투어 쇼펜하우어, 『의지와 표상으로서의 세계』, 홍성광 옮김, 을유문화사, 2019.)

손택의 말은 그의 다음 에세이에서 인용했다. Susan Sontag, On Style (1965), in her *Against Interpretation* (New York: Farrar Straus Giroux, 1986), p. 27. (수전 손택, 「스타일에 대해」, 『해석에 반대한다』, 이민아 옮김, 이후, 2002, 53쪽.)

앙드레 지드의 말은 그의 다음 일기에서 인용했다. André Gide, *Diary*, 25 July 1934. (앙드레 지드, 『지상의 양식 / 일기』, 이봉구·이환 옮김, 혜원출판사, 1999.)

스탕달의 말은 그의 다음 소설 23장에서 인용했다. Stendhal, *Charterhouse of Parma*. (스탕달, 『파르므의 수도원 2』, 오현우 옮김, 신원문화사, 2005, 269쪽.)

조르조 데 키리코의 이야기는 그의 다음 글에서 인용했다. Giorgio de Chirico, 'Meditations of a Painter, 1912'. In Herschel B. Chipp (ed.), *Theories of Modern Art* (Berkeley: University of California Press, 1968), pp. 397 – 8.

예술은 우리의 습관에 저항하는 것이라는 개념은 러시아 형식주의와 주로 관련된다. Victor Shklovsky, 'Art as Technique' (1917). In *Russian Formalist Criticism: Four Essays*, ed. Lee T. Lemon and Marion J. Reis (Lincoln, Nebr.: University of Nebraska Press, 1965). 필자의 다음 논문도 보라. Bence Nanay, Defamiliarization and the Unprompted (not Innocent) Eye. *Nonsite* 24 (2018): 1 – 17.

뒤샹의 말은 캘빈 톰킨스와의 인터뷰에서 인용했다. Duchamp quote is from Calvin Tomkins, *The Afternoon Interviews* (Brooklyn: Badlands, 2013), p. 55.

프루스트의 긴 인용문은 그의 다음 소설에 나온다. Marcel Proust, *Within a Budding Grove*, trans. C. K. Scott Moncrieff (New York: Vintage, 1970), p. 325. (마르셀 프루스트, 『잃어버린 시간을 찾아서 3 — 꽃핀

소녀들의 그늘에서 1』, 김희영 옮김, 민음사, 2014, 376쪽.)

애드 라인하르트의 말은 그의 다음 글에서 인용했다. Ad Reinhardt, 'How to Look at Things through a Wine-glass'. *PM*, 7 July 1946.

제7장 범세계 미학

더코닝의 철로 비유는 그의 다음 글에 나온다. Willem De Kooning, 'The Renaissance and Order'. *Trans/formation* 1 (1951): 86–7.

지각에 미치는 하향식 영향을 다룬 문헌을 개괄적으로 살펴보려면 다음 논문을 보라. Christoph Teufel and Bence Nanay, How to (and how not to) Think about Top-down Influences on Perception. *Consciousness and Cognition* 47 (2017): 17–25.

아쿠아리움을 관람할 때 우리가 무엇을 주목하는지에 대한 문화 간 차이를 보여주는 연구 결과에 대해서는 다음 논문을 보라. Takahiko Masuda and Richard E. Nisbett, Attending Holistically versus Analytically: Comparing the Context Sensitivity of Japanese and Americans. *Journal of Personality and Social Psychology* 81 (2001): 922–34.

심상과 그것이 미학에서 차지하는 중요성에 대해서는 필자의 다음 책을 보라. Bence Nanay, *Seeing Things You Don't See* (Oxford: Oxford University Press, 출간 예정).

라사 전통에서 논하는 미적 경험의 다중 양상에 대해서는 다음 논문을 보라. K. M. Higgins, An Alchemy of Emotion: Rasa and Aesthetic Breakthroughs. *Journal of Aesthetics and Art Criticism* 65/1 (2007): 43 – 54; Bence Nanay, The Multimodal Experience of Art. *British Journal of Aesthetics* 52 (2012): 353 – 63.

'감추어진 아름다움' 유현에 대해서는 다음 책을 보라. T. Izutsu, and T. Izutsu, *The Theory of Beauty in the Classical Aesthetics of Japan* (The Hague: Martinus Nijhoff, 1981). 다음 논문도 보라. Y. Saiko, The Japanese Aesthetics of Imperfection and Insufficiency. *Journal of Aesthetics and Art Criticism* 55/4 (1997): 377 – 85.

아비첸나와 심상에 대해서는 다음 책을 보라. Valerie Gonzales, *Beauty and Islam* (London: I. B. Tauris Publishers, 2001), esp. pp. 16 – 18.

뵐플린의 말은 그가 1915년에 출간한 다음 책에서 인용했다. Heinrich Wölfflin, *Principles of Art History* (New York: Dover, 1932), p. 11. (하인리히 뵐플린, 『미술사의 기초개념』, 박지형 옮김, 시공사, 1994, 28쪽).

시각의 역사에 관한 논쟁에 대해 더 알고 싶으면 필자의 다음 논문을 보라. Bence Nanay, The History of Vision. *Journal of Aesthetics and Art Criticism* 73 (2015): 259 – 71.

15세기 이탈리아에서 그림을 바라보았던 방식에 대해 우리가 얼마나 많이 알고 있는가에 대해서는 다음 책을 보라. Michael Baxandall, *Painting and Experience in Fifteenth Century Italy* (Oxford: Oxford University Press, 1972).

'이파라혼'과 요루바 미학 일반에 대해서는 다음 논문을 보라. Stephen F. Sprague: Yoruba photography. *African Art* 12 (1978): 52–107.

사혁의 그림 미학에 대해서는 다음 책을 보라. H. Saussy, *The Problem of a Chinese Aesthetic* (Stanford, Calif.: Stanford University Press, 1993).

『비슈누달모타라 프라나』는 온라인상에서 무료 열람이 가능하다. 책으로는 다음을 보라. Stella Kramrisch, *The Vishnudharmottara Part III: A Treatise on Indian Painting and Image-Making* (Calcutta: Calcutta University Press, 1928).

일본 미학에서 논하는 회화적 구성에 대해서는 다음 논문을 보라. Ken-ichi Sasaki, Perspectives East and West. *Contemporary Aesthetics* 11 (2013): spo.7523862.0011.016.

회화적 표면 구성과 장면 구성에 대해 더 알고 싶으면 필자의 다음 논문을 보라. Bence Nanay, Two-Dimensional versus Three-Dimensional Pictorial Organization. *Journal of Aesthetics and Art Criticism* 73 (2015): 149–57.

박산달의 말은 그의 다음 책에서 인용했다. Michae Baxandall, *Patterns of Intention* (New Haven: Yale University Press, 1985), p. 109.

독서안내

비'서양' 미학

Heather Ahtone, Designed to Last: Striving towards an Indigenous American Aesthetics. *International Journal of the Arts in Society* 4 (2009): 373–85.

Zainab Bahrani, *The Graven Image: Representation in Babylonia and Assyria* (Philadelphia: University of Pennsylvania Press, 2003).

H. Gene Blocker, Non-Western Aesthetics as a Colonial Invention. *Journal of Aesthetic Education* 35 (2001): 3–13.

Stephen Davies, Balinese Aesthetics. *Journal of Aesthetics and Art Criticism* 65/1 (2007): 21–9.

Susan L. Feagin (ed.), *Global Theories of Art and Aesthetics*. Special issue of *Journal of Aesthetics and Art Criticism* 65/1 (2007).

Dominic Lopes, Shikinen Sengu and the Ontology of Architecture in Japan. *Journal of Aesthetics and Art Criticism* 65 (2007): 77–84.

Philip Rawson, The Methods of Zen Painting. *British Journal of Aesthetics* 7 (1967): 315–38.

Yuriko Saito, The Moral Dimension of Japanese Aesthetics. *Journal of Aesthetics and Art Criticism* 65/1 (2007): 85–97.

Susan P. Walton, Aesthetic and Spiritual Correlations in Javanese Gamelan Music. *Journal of Aesthetics and Art Criticism* 65/1 (2007): 31–41.

Robert Wicks, The Idealization of Contingency in Traditional Japanese Aesthetics. *Journal of Aesthetic Education* 39 (2005): 88–101.

Ajume H. Wingo, African Art and the Aesthetics of Hiding and Revealing. *British Journal of Aesthetics* 38 (1998): 251–64.

미학과 미술사 / 미술 인류학

Franz Boas, *Primitive Art* (Cambridge, Mass.: Harvard University Press, 1927).

Whitney Davis, *A General Theory of Visual Culture* (Princeton: Princeton University Press, 2011).

Roger Fry, *Vision and Design* (London: Chatto and Windus, 1920).

Clifford Geertz, *The Interpretation of Cultures* (New York: Basic Books, 1973). (클리퍼드 기어츠, 『문화의 해석』, 문옥표 옮김, 까치, 2009.)

페미니즘 미학과 포스트콜로니얼 미학

Peg Brand (ed.), *Beauty Matters* (Bloomington, Ind.: Indiana University Press, 2000).

Peg Brand and Mary Devereaux (eds), *Women, Art, and Aesthetics, Special issue of Hypatia* 18/4 (2003).

Anne Eaton, Why Feminists Shouldn't Deny Disinterestedness. In: L. Ryan Musgrave (ed.), *Feminist Aesthetics and Philosophy of Art: The Power of Critical Visions and Creative Engagement* (New York: Springer, 2017).

Sherri Irvin, *Body Aesthetics* (Oxford: Oxford University Press, 2016).

Carolyn Korsmeyer, *Gender and Aesthetics* (London: Routledge, 2004).

Paul C. Taylor , *Black is Beautiful: A Philosophy of Black Aesthetics* (New York: Wiley, 2016). (캐롤린 코스마이어, 『페미니즘 미학입문』, 신혜경 옮김, 경성대학교출판부, 2009.)

고전 영미 미학

Monroe Beardsley, *Aesthetics*, 2nd edition (Indianapolis: Hackett, 1981).

Edward Bullough, 'Physical Distance' as a Factor in Art and as an Aesthetic Principle. *British Journal of Psychology* 5 (1912): 87–98.

John Dewey, *Art as Experience* (New York: Putnam, 1934). (존 듀이, 『경험으로서의 예술 1 · 2』, 박철홍 옮김, 나남출판, 2016.)

Frank Sibley, Aesthetic and Nonaesthetic. *The Philosophical Review* 74/2 (1965): 135–59.

Jerome Stolnitz, *Aesthetics and Philosophy of Art Criticism* (New York: Houghton Mifflin, 1960). (제롬 스톨니쯔, 『미학과 비평철학』, 오병남 옮김, 이론과실천, 1991.)

동시대 영미 미학

Malcolm Budd, *Values of Art* (London: Allen Lane, 1995).

Noël Carroll, *Beyond Aesthetics* (Cambridge: Cambridge University Press, 2001).

Diarmuid Costello, Kant and the Problem of Strong Non-perceptual Art. *British Journal of Aesthetics* 53 (2013): 277–98.

Robert Hopkins, *Picture, Image and Experience: A Philosophical Inquiry* (Cambridge: Cambridge University Press, 1998).

Matthew Kieran, *Revealing Art* (London: Routledge, 2005). (매튜 키이란, 『예술의 가치』, 이해완 옮김, 북코리아, 2010.)

John Kulvicki, *On Images: Their Structure and Content* (Oxford: Oxford University Press, 2006).

Derek Matravers, Aesthetic Properties. *Proceedings of the Aristotelian Society* Supplementary Volume 79 (2005): 191–210.

Aaron Meskin, Mark Phelan, Margaret Moore, and Matthew Kieran, Mere Exposure to Bad Art. *British Journal of Aesthetics* 53 (2013): 139–64.

Elisabeth Schellekens, Towards a Reasonable Objectivism for Aesthetic Judgements. *British Journal of Aesthetics* 46/2 (2006): 163–77.

Kendall L. Walton, Categories of Art. *Philosophical Review* 79 (1970): 334–67.

Richard Wollheim, *Painting as an Art* (Princeton: Princeton University Press, 1987).

Nick Zangwill, *The Metaphysics of Beauty* (Ithaca, NY: Cornell University Press, 2001).

역자 후기

벤체 나너이(1974~)는 헝가리 부다페스트 출신의 철학자로 전공 분야는 심리 철학, 인지 과학, 미학이며 지각, 주목, 심상, 행동의 문제를 주로 연구한다. 현재 안트베르펜대학교와 케임브리지대학교에서 철학을 가르친다. 주저로 『지각 철학으로서의 미학*Aesthetics as Philosophy of Perception*』(2016)이 있고, 최근에 『미적 삶과 그 중요성*Aesthetic Life and Why It Matters*』(2022)을 공저로 출간했다. 나너이는 역서로는 국내에 처음 소개되는데 그를 간략히 설명하는 핵심어로 영화, 지각, 미학을 꼽을 수 있다. 어떤 영화를 다른 영화보다 매력적으로 만들어주는 것이 무엇일까? 이런 물음이 그를 영화평론가의 길로 이끌었다. 하지만 그는 거기서는 답을 찾기 어렵다고 생각하고 결국

학자의 삶을 선택한다. 그는 영국의 예술 철학자 리처드 월하임(1923~2003)을 사사했고 스승에게서 "미학의 문제가 지각과 많은 관련이 있다"는 문제의식을 이어받는다.[1] 지각 철학은 너나이에게 미학의 문제를 다루는 도구다. 현재 지각 철학에서는 주목과 그 역할에 대한 논의가 굉장히 활발한데, 그는 이 주제가 미학에서도 대단히 중요하다고 생각한다. 바로 이 책을 관통하는 개념이 '주목'이라는 것은 우연이 아니다.

나너이의 『미학』은 미학의 역사나 인물이 아닌 문제를 중심으로 미학을 소개한다. 좀더 자세히 말하면 미적 경험이란 무엇이고 그런 경험을 한다는 것이 무엇을 의미하는지를 논하는 책이라고 할 수 있다. 미적 경험이란 무엇인가, 하는 물음은 전반부에서 다루어진다. 1, 2장은 미학을 둘러싼 오랜 오해와 편견(엘리트주의와 서양 중심주의)을 지적하고, 기존의 유력한 미적 이론들(각각 아름다움, 즐거움, 감정, '그 자체를 목적함'에 초점을 맞춘 견해들)을 검토한 후 그 이론들의 강점과 결함을 아우르고 보완할 수 있는 단서를 찾는다. 그리고 그 단서를 바탕으로 3장에서 미적 경험의 특성(제한 없는 주목 방식)을 규명한다. 후반부는 미적 경험을 한다는 것이 무엇을 의미하는가, 하는 물음을 다룬다. 4, 5장에서는 미적 경험의 개인적·사회적 측면과 더불어 미적 평가를 좌우하는 요인(단순 노출 효과)이 무엇인지를 살펴본다. 이어서 6장에서는 미적 경험이 우리 삶에 어떻게 영향을 미치고 왜 중요한지를 이야기한다. 마지막으로, 저자는 7장에서 미적 경험이 경험 주체의 성장 문화에 따라 달라지는 이유(지각에 미치는 하향식 영향)를 따져보고, 그로 인해 초래될 수 있는 회의적 결론(우리는 인공품이 타 문화에서 어떻게 경험되는지를 전혀 알 수 없다)의 극복 방안(그 제작 배경과 상관없이 어떤 인공품도 논할 수 있는 최소한의 개념 틀)을 마련함으로써 지금 우리에게 필요한 새로운 미학(범세계 미학)의 구상을 밝힌다.

이 책은 지각 분석에 기초해 미학에 접근하는 참신한 미학 안내서다. 한편 우리의 지각 경험에 집중함으로써 미학의 본령과 가치를 환기한다는 점에서 길잡이 역할에 충실한 미학 안내서이기도 하다. 한마디로 미학이라는 일반적 주제를 다루면서도 저자의 개성적 관점을 잘 드러내는 책이다. 한 해외 독자가 적절히 평했듯 이 책을 '서양' 미학에 대한 비판적 입문서로도 소개할 수 있겠다. 어떤 독자에게는 비교적 균형 잡힌 시각으로 미학을 접하는 기회가 되고, 또 어떤 독자에게는 미학에 대한 편견을 반성하는 계기가 될 것으로 기대된다. 분량은 적지만, 저자가 미학의 중심 주제를 깊이 탐구하면서도 미학의 이론적·실천적 영역을 두루 탐사한다는 점은 놀랍다. 무엇보다 이 책의 가장 큰 미덕은 우리 일상과 예술에서 취한 다양한 사례와 흥미로운 실험 연구 결과를 바탕으로 (권위나 감정, 윤리에 호소하지 않고) 미적 경험의 '가치'를 설득력 있게 일깨움으로써 미학이 우리 삶 가까이(혹은 한복판에) 있다는 확신을 준다는 데 있다.

호주 시인 에린 핸슨(1995~)은 그의 시 「아닌 것」에서 우리 자신을 부정적으로 규정하고 남은 미적인 것들로 '나'를 재정의한다. '당신은 당신이 읽은 모든 책이고, 당신이 목청껏 부르는 노래며, 당신 방에 걸린 사진들이다.'[2] 재독 철학자 한병철(1959~)은 질문한다. '스마트폰에서 한시도 눈을 떼지 못하는 당신에게도 아직 가슴 깊이 간직하는 대상이 남아 있는가?'[3] 여러분은 방금 언급한 시와 질문의 취지에 공감하시는지? 고개를 끄덕이는 독자에게는 우리 자신이 소중히 여기는 특별한 순간의 경험이 무엇이며 어떻게 일어나는지, 또 그런 경험을 공유하는 것이 과연 가능한지 하는 근본적인 물음이 흥미롭게 여겨질지도 모르겠다. 만일 그렇다면 좋아하는 차 한 잔 홀짝이며 이런 물음에 대해 저자와 함께 이야기를 나눠보는 것은 어떠실지.

끝으로, 독자들께 이 책과 더불어 읽으면 좋을 책을 몇 권 소개하고 싶다. 저자의 집필 의도가 결국은 미학을 '실천'하는 데 있으니, 딱딱한 이론 체계를 습득하기보다는 미적 삶의 향유 욕구를 일깨울 수 있는 (다분히 역자의 취미와 해석이 반영된)

책으로 골랐다.

박총, 『읽기의 말들: 이 땅 위의 모든 읽기에 관하여』, 유유, 2017
삶의 양식(糧食)으로서의 책이라는 대상과 삶의 양식(樣式)으로서의 책 읽기라는 행위에 대한 생각을 가벼운 필치로, 그러나 웅숭깊게 풀어내는 살아 있는 미학서다. 단, 미학이라는 말은 나오지 않는다.

필립 퍼키스, 『필립 퍼키스의 사진강의 노트: 사진과 삶에 관한 단상』, 박태희 옮김, 안목, 2019
표현과 감상의 매체인 사진을 다루는 법, 아니 그것과 마음을 터놓고 친구가 되는 법을 알려준다. 미적 참여와 미적 경험이 어떻게 이루어지는지 생생히 예시한다.

미리엄 엘리아·에즈라 엘리아, 『미술관에 갑니다』, 신해경 옮김, 열화당, 2021
아동의 예술 교육을 위한 책으로 위장했으나 실은 현대인의 미적 진공 상태를 경고하는 섬뜩한 예술 안내서다. 현대 미술이 왜 그 모양인지, 미학이 왜 미(美)와 우연한 관계인지 깨우쳐준다.

1 Mark Windsor and Shelby, "FILM, PERCEPTION, AESTHETICS: An interview with Bence Nanay", in *Postgraduate Journal of Aesthetics*, Vol. 11, No. 1, Spring, 2014, pp. 2-17.

2 에린 핸슨, 「아닌 것」, 류시화 엮고 옮김, 『마음챙김의 시』, 수오서재, 2020, 54~55쪽.

3 Gesine Borcherdt, "Byung-Chul Han: 'I Practise Philosophy as Art'", *ArtReview*, 2 December, 2021, https://artreview.com/byung-chul-han-i-practise-philosophy-as-art/.

도판 목록

미학

AESTHETICS

초판 1쇄 인쇄 2023년 5월 22일
초판 1쇄 발행 2023년 6월 1일

지은이 벤체 나너이
옮긴이 박준영

편집 강건모 이희연 김윤하
디자인 강혜림
저작권 박지영 형소진 최은진 오서영
마케팅 김선진 배희주
브랜딩 함유지 함근아 김희숙 고보미 박민재 정승민 배진성
제작 강신은 김동욱 임현식
제작처 한영문화사(인쇄) 한영제책사(제본)

펴낸곳 (주)교유당 **펴낸이** 신정민
출판등록 2019년 5월 24일 제406-2019-000052호
주소 10881 경기도 파주시 회동길 210
전자우편 gyoyudang@munhak.com
문의전화 031) 955-8891(마케팅) 031) 955-2680(편집) 031) 955-8855(팩스)

페이스북 @gyoyubooks
트위터 @gyoyu_books **인스타그램** @gyoyu_books

ISBN 979-11-92968-17-9 03100